年収の壁
を解決する
賃金のしくみ

特定社会保険労務士　三村 正夫 著

経営書院

はじめに

　この本を手に取られた社長さんや、人事担当者の方に深く感謝申しあげます。

　この本を読んでいただいて、大変わかりにくい年収の壁に対する正しい認識をもっていただき、年収の壁を意識した働き方をされている多くのパート・アルバイトさんのご参考になれば幸いと思っております。

　コロナ禍がやっと終了した感がありますが、世界的な物価高とインフレにより、賃金の引き上げが非常に注目を集めている昨今であります。過日の新聞報道では、総合スーパーや家電量販店の時給の賃上げが発表されており、正社員では賃金全体の底上げとなるベアが実施されるなど、昨今では大手企業では賃上げが当たり前になってきているようです。今後は中小企業がどれだけ賃上げができるかが、日本の大きな課題ではないかと思われます。

　さて、そこで問題なのは、この本のテーマである、年収の壁を意識して働く方々にとって、この変化の流れが働き方に大きく影響してくることです。

　簡単に言えば、年収の上限を意識して働いている方にとってこの賃上げは、勤務時間を削減しなければならないというケースがでてくるということであります。会社経営者からみ

i

れば、賃上げをして、この人手不足のなかパート・アルバイトさんの労働時間を削減するというのも、大変苦しいものがあるのではないでしょうか。

　上記のような視点から、年収の壁を意識した働き方や、正社員化、またはその方々を対象とした、賃金の決め方などをこの本では追求していきたいと思っております。

　そもそも年収の壁対象者（この本では、年収の壁を意識して働く方々のことを「年収の壁対象者」と呼ばせていただきます）の賃金制度は、上限が決まっているので、一般の社員とは全く違った考え方の賃金制度になってきて当然であります。

　また、この本では昨今の賃上げも踏まえて年収の壁を越えて、正社員として勤務してもらう時のキャリアアップ助成金制度なども紹介していきたいと思っております。

　そこでこの本では、小さな会社から大きな会社まで、どこかの賃金コンサルタントに依頼せずともできる、シンプルな逆算式賃金制度に基づいた、年収の壁該当者の賃金制度と年収の壁を越えて働く正社員化についてもご紹介できればと思っております。

　この本は、多くの賃金制度の本のように真剣に読み込まないと理解できない本ではないので、どうぞ最後まで、お気軽に肩の力を抜いてお読みいただけたら幸いです。

2024年8月　三村正夫

目　次

プロローグ：インフレ時代、年収の壁をどう考え
　　るか …………………………………………………… 1

　1．パート・アルバイトさんの労働生産性とは？ ………… 2

　2．パート・アルバイトさんの活躍推進こそライバル
　　との差別化戦略！ ……………………………………… 9

　3．51人以上の特定適用事業所では短時間労働者も社
　　会保険加入の時代に ………………………………… 11

　4．マズローの欲求5段階説からみた、パート・アル
　　バイトさんの働く動機と会社への思いとは ………… 16

第1章　年収の壁とはどのようなことか？ ………… 23

　1．税務の視点と社会保険の視点で考え方が大きく違
　　う ……………………………………………………… 24

　2．事業所の規模でも大きく違う ……………………… 27

　3．収入のランクで、税法と社会保険の適用が大きく
　　違う …………………………………………………… 30

　4．視点が複雑に交差して扶養で働くことの意味がわ
　　かりにくい …………………………………………… 36

5．社会保険に加入しないで被扶養者でいることのメリット ……………………………………………………………… 40

6．社会保険に加入したときのメリット ……………… 42

7．51人以上の特定適用事業所とそれ以外の事業所では扶養の範囲が大きく異なる ……………………… 45

8．51人未満の事業所は130万円を超えても2年間猶予措置がある ……………………………………………… 48

第2章　年収の壁の上限額から決める逆算式賃金制度とは ……………………………………………… 51

1．社会保険に加入しない雇用形態とは ……………… 52

2．扶養該当者でいるための逆算式のシンプルな賃金制度 …………………………………………………………… 57

3．逆算式の賃金制度は、一般社員の賃金制度とは基本的に異なる ……………………………………………… 68

4．年収の壁対象者は逆算式から基本給、手当の設定工夫が必要では ……………………………………………… 69

5．視点が複雑に交差して扶養で働くことの意味がわかりにくい ……………………………………………………… 71

6．子供が大きくなり、扶養に該当しなくなった時は、その会社の賃金制度を適用 ……………………………… 76

目　次

第3章　税法と社会保険の壁を超えるケースと超えないケースの違い ······ 79

1. 社会保険に加入するか加入しないかで将来の年金にどう影響するか ······ 80
2. 税金における社会保険に加入するか否かでの違い ······ 83
3. 高齢者のケースでは年収の壁はどのような相違があるのか ······ 86
4. 最低賃金の引き上げにより扶養で働き続けるならば勤務時間が短くなる ······ 87
5. 経営者はこの相違をしっかり理解しておくべきでは ······ 90
6. 人手不足の日本では扶養内で働く人は将来の可能性を秘めた貴重な人材 ······ 93
7. 最終的に年収の壁はどの選択をするべきか？ ······ 96

第4章　年収の壁該当者への助成金の活用とは ······ 99

1. 令和5年10月スタートのキャリアアップ助成金社会保険適用時処遇改善コースとは ······ 100
2. 助成金の仕組みと助成額について ······ 102
3. 助成金の活用のメリットとデメリット ······ 106

v

4．助成金の活用状況にかかわらず基準に該当すれば社会保険に加入しなければならない ……………………… 111

5．年収の壁を超えて働けないが頑張っている人には退職慰労金制度などでモチベーションの維持を ……… 112

6．退職慰労金ならば毎年40万円まで非課税の枠が使える ……………………………………………………… 121

第5章　年収の壁該当者をいかに正社員転換に向けて育成していくか ………………………………… 123

1．子供さんの関係で、扶養内で働いていた家庭の主婦層はやがてフルタイムで働ける環境に変化していく ……………………………………………………………… 124

2．正社員移行時に、年収の壁該当者の賃金制度は、正社員の賃金制度に組み入れる ……………………… 129

3．非正規雇用の無期転換権をどのように考えるか … 130

4．正社員移行や賃金引上げ、退職金制度導入に活用できるキャリアアップ助成金などの有効活用も検討 …… 136

5．同一労働同一賃金は年収の壁該当者にはどのような影響があるのか ………………………………………… 142

6．超労働力不足の時代を前に、アルバイト・パートさんの労務管理が重要に ……………………………… 146

7．年収の壁該当者へのしっかりとした取組みは、人材の定着と育成につながる ………………………… 152

目　次

【参考資料】

●逆算式賃金制度の基本的な考え方 ……………………… 158

●逆算式賃金制度〈Ⅰ型扶養〉………………………………… 159

●逆算式賃金制度〈Ⅱ型扶養〉………………………………… 160

●逆算式賃金制度〈Ⅲ型扶養〉………………………………… 161

●労働契約書〈Ⅰ型パート雇用〉…………………………… 162

●労働契約書〈Ⅱ型パート雇用〉…………………………… 163

●労働契約書〈Ⅲ型パート雇用〉…………………………… 164

●パート退職金規程 ……………………………………………… 165

vii

プロローグ：
インフレ時代、
年収の壁をどう考えるか

1. パート・アルバイトさんの労働生産性とは？

　経済産業省の中小企業白書（2020年版）によれば、従業員一人当たりの製造業の労働生産性（年間平均）は、大企業が1,180万円、中小企業が520万円で、その差は実に約2.3倍となっております。このデータをご覧になられた多くの中小企業の社長さんは、愕然とされたのではないでしょうか？　このことが、結果として賃金格差となってあらわれています。厚生労働省の「賃金構造基本統計調査」で、2023（令和5）年の企業規模別賃金をみると、**図表1**にありますように男女別の平均でみると男性は大企業で約386.7千円、中企業で約341.6千円、小企業で約319.8千円となっています。

　企業規模別の賃金格差は男性の平均でみると大企業を100とすると、中企業は88.3、小企業は82.7となっています。中企業と大企業とは約1.13倍の格差にもつながってくるわけであります。ましてや10人未満の小さな会社ではさらに格差は1.21倍と拡大していきます。

　また、**図表2**のように年齢別グラフでみると50代までその格差は拡大していきます。

　賞与も含めた年収格差はさらに大きなものになります。

　この格差は、今後、昨今のベースアップでさらに拡大していくものと思われます。

プロローグ：年収の壁をどう考えるか

図表1　企業規模、性、年齢階級別賃金、対前年増減率及び企業
　　　　規模間賃金格差

令和5年

性、年齢階級		大企業	中企業		小企業	
		賃金 （千円）	賃金 （千円）	企業規模間 賃金格差[1] 【大企業＝100】	賃金 （千円）	企業規模間 賃金格差[1] 【大企業＝100】
男	年齢計[2]	386.7	341.6	88.3	319.8	82.7
	〜19歳	193.5	189.2	97.8	191.2	98.8
	20〜24	239.5	223.8	93.4	220.8	92.2
	25〜29	281.9	261.1	92.6	254.4	90.2
	30〜34	328.7	289.7	88.1	283.5	86.2
	35〜39	367.8	326.8	88.9	312.4	84.9
	40〜44	412.5	362.0	87.8	334.0	81.0
	45〜49	440.4	389.9	88.5	355.8	80.8
	50〜54	473.6	405.4	85.6	364.9	77.0
	55〜59	493.8	417.1	84.5	361.1	73.1
	60〜64	344.1	334.4	97.2	325.3	94.5
	65〜69	330.9	292.2	88.3	279.4	84.4
	年齢（歳）	43.4	44.2		46.6	
	勤続年数（年）	15.3	13.8		12.2	

注：年齢計には70歳以上の労働者を含む。　　　　2023年賃金構造基本統計調査より

　次は、パート・アルバイトさんの労働生産性について考え
てみたいと思います。

　パートタイム労働者の労働時間を全産業平均でみると、**図
表3**のようにフルタイム（正社員・正職員）の約半分程度で
すが、製造業に比べて小売業やサービス業ではいくぶん短

図表2

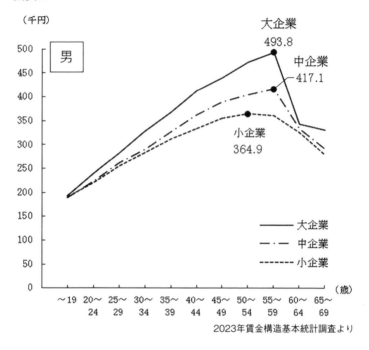

2023年賃金構造基本統計調査より

く、同一産業内でも企業によってパートタイム労働者の平均労働時間にはかなりのばらつきがあります。フルタイムパートなどフルタイム(正社員・正職員)と同程度の企業からその半分以下の労働時間の企業までかなりの異質性があります。

図表3の毎月勤労統計調査令和5年分結果確報によれば、パートタイムの労働時間の月間労働時間と出勤日数のデータが公表されております。やはり製造業、電気ガス業は約109

プロローグ：年収の壁をどう考えるか

図表３　月間実労働時間及び出勤日数

（事業所規模５人以上、令和５年確報）

産　業	総実労働時間		所定内労働時間		所定外労働時間		出勤日数	
		前年比		前年比		前年比		前年差
一　般　労　働　者	時間	％	時間	％	時間	％	日	日
調　査　産　業　計	163.5	0.7	149.7	0.8	13.8	−0.4	19.5	0.1
鉱業、採石業等	162.9	1.0	149.4	−0.5	13.5	20.6	20.1	−0.2
建　　設　　業	168.9	0.3	154.5	0.5	14.4	−1.4	20.4	0.1
製　　造　　業	164.5	0.1	149.5	0.8	15.0	−5.6	19.3	0.1
電　気・ガ　ス　業	157.3	0.5	141.8	0.4	15.5	2.0	18.8	0.1
情　報　通　信　業	161.8	0.5	145.6	0.7	16.2	−1.9	18.9	0.1
運輸業、郵便業	179.9	1.4	154.1	1.7	25.8	−0.3	20.1	0.2
卸売業、小売業	163.4	0.5	152.1	0.6	11.3	−0.8	19.7	0.1
金融業、保険業	152.3	1.7	139.1	1.7	13.2	0.5	18.8	0.4
不動産・物品賃貸業	166.1	1.9	151.4	1.5	14.7	5.6	19.7	0.2
学　術　研　究　等	161.7	0.6	146.5	0.7	15.2	1.0	19.1	0.1
飲食サービス業等	174.3	3.4	158.4	2.2	15.9	16.5	20.4	0.4
生活関連サービス等	164.5	1.1	154.7	1.0	9.8	2.0	20.2	0.1
教育、学習支援業	158.8	2.1	143.7	1.6	15.1	4.9	19.1	0.4
医　療、福　祉	156.5	0.3	149.5	0.3	7.0	−0.5	19.5	0.1
複合サービス事業	156.7	1.6	146.6	1.2	10.1	5.7	19.1	0.2
その他のサービス業	160.5	0.4	146.3	0.3	14.2	1.1	19.2	0.0
パートタイム労働者	時間	％	時間	％	時間	％	日	日
調　査　産　業　計	79.3	−0.4	77.1	−0.5	2.2	1.6	13.6	−0.2
鉱業、採石業等	106.0	−6.1	99.2	−7.0	6.8	9.9	16.0	0.1
建　　設　　業	89.0	1.1	87.2	1.0	1.8	5.8	14.4	−0.1
製　　造　　業	108.8	0.9	104.1	1.3	4.7	−7.1	16.6	0.1
電　気・ガ　ス　業	109.1	1.5	108.2	1.5	0.9	0.0	16.1	0.3
情　報　通　信　業	93.4	5.1	88.4	4.1	5.0	26.7	13.9	0.0
運輸業、郵便業	101.7	1.6	96.1	1.7	5.6	−1.4	15.6	0.1
卸売業、小売業	85.1	−1.9	83.4	−1.7	1.7	−8.7	14.9	−0.4
金融業、保険業	100.1	−0.3	98.2	0.0	1.9	−15.0	15.8	−0.1
不動産・物品賃貸業	86.4	−0.7	84.6	−0.7	1.8	−0.5	14.4	−0.5
学　術　研　究　等	89.0	−1.1	87.0	−1.4	2.0	18.1	14.0	−0.2
飲食サービス業等	65.8	0.3	63.5	−0.1	2.3	11.0	11.9	−0.1
生活関連サービス等	78.7	−1.5	76.5	−1.5	2.2	−4.0	13.4	−0.3
教育、学習支援業	55.8	3.2	55.0	2.9	0.8	25.3	10.7	0.1
医　療、福　祉	78.3	1.5	76.9	1.3	1.4	14.0	13.6	0.2
複合サービス事業	109.8	1.3	104.6	1.8	5.2	−10.6	17.0	0.3
その他のサービス業	88.5	1.4	85.5	1.5	3.0	−0.2	14.7	0.0

毎月勤労統計調査2023年より

時間と長く、飲食サービス、教育学習支援業が短く60時間前後となっております。産業間でかなりばらつきがあることがわかります。

　次にパート・アルバイトさんの賃金のデータをみたものが**図表4**であります。

　一般労働者の436,806円に対してパートタイム労働者は104,567円でした。約1/4であります。先ほどの労働時間視点でみると一般労働者163.5時間に対してパートさんは79.3時間なのでその比率は約1/2であります。このようにパートさんの労働時間は一般社員の約半分ほどであるにも関わらず、支払い賃金は一般労働者の1/4程度であるというのが、現在の日本の現状ではないでしょうか。

　従って一般的にはパートさんの労働生産性は低いと考えられがちですが、労働時間と賃金とトータルで考えれば労働時間の割に賃金は低いといえるのではないでしょうか。

　次に**図表5**をみていただきたいと思います。

　このデータはパート・アルバイトさんの時給のデータになりますが、令和5年10〜12月では1,301円となっております。平成28年から比較すると約200円上昇しているのがわかります。また、パート・アルバイトさんの時給は、この1,301円にプラスマイナス400円の範囲内にほとんどの方が該当しているのではないでしょうか。

　さらに、パート・アルバイトさんの賃金は企業規模、業種

プロローグ：年収の壁をどう考えるか

図表4　月間現金給与額

（事業所規模5人以上、令和5年確報）

産　業	現金給与総額		きまって支給する給与		所定内給与		所定外給与		特別に支払われた給与	
		前年比		前年比		前年比		前年比		前年比
	円	%	円	%	円	%	円	%	円	%
一 般 労 働 者										
調 査 産 業 計	436,806	1.8	350,430	1.6	323,807	1.6	26,623	1.0	86,376	2.8
鉱業、採石業等	430,600	−6.6	335,345	−8.3	310,385	−9.3	24,960	5.4	95,255	−0.3
建 　設 　業	448,888	−0.4	365,731	−0.3	339,838	0.0	25,893	−4.7	83,157	−1.3
製 　造 　業	439,740	1.6	343,656	1.2	310,678	1.5	32,978	−2.5	96,084	3.5
電 気・ガ ス 業	583,326	1.1	457,273	1.0	403,412	0.9	53,861	1.6	126,053	1.7
情 報 通 信 業	533,212	1.3	409,172	1.4	373,994	1.4	35,178	1.5	124,040	1.0
運 輸 業・郵 便 業	425,772	4.1	353,181	3.3	302,705	2.7	50,476	6.9	72,591	8.6
卸 売 業、小 売 業	441,811	1.5	351,888	1.6	331,895	1.6	19,993	2.1	89,923	1.1
金 融 業、保 険 業	535,935	2.6	404,312	3.1	377,677	3.5	26,635	−2.4	131,623	1.5
不動産・物品賃貸業	497,058	4.0	380,521	2.4	354,099	2.3	26,422	3.7	116,537	9.9
学 術 研 究 等	533,150	0.6	411,245	1.5	381,462	1.7	29,783	0.0	121,905	−2.4
飲食サービス業等	335,913	8.2	298,641	6.6	274,505	5.4	24,136	21.3	37,272	24.4
生活関連サービス業等	343,819	6.2	301,273	4.7	286,218	4.7	15,055	5.3	42,546	18.6
教育、学習支援業	518,637	0.7	394,968	−0.2	384,744	−0.3	10,224	4.9	123,669	3.5
医 　療、福 　祉	393,338	0.1	328,814	0.2	308,364	0.3	20,450	−2.2	64,524	0.1
複合サービス事業	431,736	3.4	332,462	2.7	311,757	2.1	20,705	11.2	99,274	6.0
その他のサービス業	345,430	3.1	294,707	2.6	269,523	2.4	25,184	3.0	50,723	6.3
パートタイム労働者	円	%	円	%	円	%	円	%	円	%
調 査 産 業 計	104,567	2.4	101,468	2.6	98,596	2.5	2,872	1.7	3,099	−0.7
鉱業、採石業等	123,335	−18.1	113,242	−15.1	108,321	−15.2	4,921	−12.5	10,093	−41.5
建 　設 　業	132,401	4.0	125,005	3.7	122,238	3.5	2,767	15.2	7,396	8.0
製 　造 　業	131,561	3.3	126,576	3.2	120,184	3.5	6,392	−1.4	4,985	3.3
電 気・ガ ス 業	178,976	3.0	157,459	4.4	155,660	4.4	1,799	2.2	21,517	−5.9
情 報 通 信 業	136,864	4.5	130,382	4.0	125,329	4.9	5,053	−13.5	6,482	14.1
運 輸 業・郵 便 業	130,707	4.5	127,137	5.0	118,551	4.5	8,586	6.5	3,570	−8.6
卸 売 業、小 売 業	100,881	1.8	98,630	1.9	96,593	2.0	2,037	−2.0	2,251	−1.9
金 融 業、保 険 業	168,839	9.9	158,826	10.0	156,017	10.4	2,809	−7.5	10,013	10.2
不動産・物品賃貸業	108,010	2.1	105,480	2.5	102,840	2.4	2,640	7.0	2,530	−13.4
学 術 研 究 等	142,455	1.5	132,771	2.6	129,678	2.3	3,093	22.6	9,684	−11.9
飲食サービス業等	77,698	5.1	76,988	5.0	74,579	4.8	2,409	11.4	710	16.4
生活関連サービス業等	95,593	−0.3	94,059	−0.3	91,744	−0.1	2,315	−6.8	1,534	0.6
教育、学習支援業	97,208	1.9	91,593	2.0	90,719	1.8	874	9.6	5,615	2.4
医 　療、福 　祉	127,841	3.5	122,095	3.6	119,534	3.6	2,561	4.2	5,746	0.5
複合サービス事業	156,486	5.3	144,960	4.0	136,506	4.7	8,454	−7.6	11,526	27.6
その他のサービス業	117,615	4.6	115,101	4.7	110,613	4.7	4,488	5.4	2,514	5.0

毎月勤労統計調査2023年より

別等にとらわれない1つのグループとしてとらえられるのではないかと思われます。大企業と零細企業で時給格差もあま

図表5　時間当たり給与（パートタイム労働者）時系列表

（事業所規模5人以上）

年　　月	時間当たり給与	
		前年比
	円	％
平成28年	1,085	1.5
平成29年	1,111	2.4
平成30年	1,136	2.3
令和元年	1,167	2.7
令和2年	1,213	3.9
令和3年	1,223	0.8
令和4年	1,242	1.6
令和5年	1,279	3.0
令和5年1月～3月	1,267	1.8
4月～6月	1,265	2.6
7月～9月	1,285	3.6
10月～12月	1,301	4.0

注：時間当たり給与は、所定内給与を所定内労働時間で除して算出している。

毎月勤労統計調査より

りありませんし、福利厚生においても多くの会社をみていてもそれほどの違いはないと思われます。

プロローグ：年収の壁をどう考えるか

2. パート・アルバイトさんの活躍促進こそライバルとの差別化戦略！

　コロナ禍が収まって、昨今では賃上げと人手不足がよく議論されるようになってきました。人手不足は深刻な状況であります。大手企業は時給2,000円とか打ち出している企業もあり、そんなに支給できない中小零細企業の求人はますます厳しくなってきているというのが現状かと思われます。

　求人対策といえば、外国人雇用や、高齢者の定年後の再雇用など様々な選択肢がありますが、私はパート・アルバイトさんの活躍こそ求人対策の重要な対策の1つではないかと考えます。

　前節でみたように、パート・アルバイトさんの平均労働時間は月に約80時間であります。一般労働者のようにその倍働けるようになれば、パート・アルバイトさんを雇用している企業は、人手不足をいくらかでも解消できるのではないでしょうか。

　そこで多くの場面でぶつかる課題が「年収の壁」になってきます。

　昨年、顧問先のあるコンビニで、最低賃金の引き上げと同時に時給を引き上げたら、パートさんから、年収が130万円を超えるので勤務時間を短くしてくださいと言われたとのことで、社長がシフト変更などで大変苦労されておりました。

9

従って、パート・アルバイトさんの活躍推進には、年収の壁を考慮した働き方で生産性をアップしていくか、年収の壁を超えて勤務してもらう働き方をしてもらうかの２つの大きな選択肢があるのではないでしょうか。

　多くの社長さんは年収の壁といっても、年収130万円あるいは103万円の壁などのイメージしか湧いてこないのではないでしょうか。また、社会保険の壁と税法の壁、そして企業規模により複雑に絡み合っているので正しく理解している社長さんはほとんどいないのではないかと思います。

　ましてや、パート労働者の方は、単に130万円か103万円の壁しか理解していないで、税法と社会保険の関係を正しく理解されていない方がほとんどではないでしょうか。

　この制度の中身をしっかり理解すれは、それでは年収の壁130万円超えて働いてみようということは十分あり得ると思います。

　この本を読んで、この年収の壁を十分理解していただければ、私はパートさんが活躍する場面は今以上にアップしていくと同時に、ライバルとの差別化にもつながっていくものと確信しております。

　また、パート・アルバイトさんの求人においても、年収の壁をしっかり理解して説明すれば、安心して、御社で働いてみようと思ってもらえるので、パートさん応募のポイントの一つになってくるのではないでしょうか。

プロローグ：年収の壁をどう考えるか

3. 51人以上の特定適用事業所では短時間労働者も社会保険加入の時代に

　令和6年10月からいよいよ厚生年金の被保険者数が51人以上の事業所で（本書では、「51人以上（の事業所）」と表記します）働く短時間労働者の社会保険加入拡大が義務化されました。ただし、新聞報道によりますと今後はこの規模要件が撤廃され、すべての適用事業所が令和6年10月現在の51人以上の事業所と同じ取扱いとなるようです。施行時期はまだ、発表されておりませんが、数年後には施行されるのではないかと思います。従って基本的には下記の基準に該当するとすべての短時間労働者は加入しなければならない時代になってくると思われます。

●週の所定労働時間が20時間以上

　　（所定労働時間とは、就業規則、雇用契約書等で、その者が勤務すべき時間で、週の所定労働時間が20時間以上のとき）

●2ヵ月を超える雇用の見込みがある

●月額賃金（所定）が8.8万円以上

　　（ただし、最低賃金法で賃金に参入しない精皆勤手当、通勤手当、家族手当、次に臨時に支払われる賞与等、結婚手当など、また、時間外、休日労働、深夜労働に対して支払われる割増賃金等は除かれます）

図表6　法改正の流れ

2016年10月〜	2022年10月〜	2024年10月〜
（平成28年）	（令和4年）	（令和6年）
週の所定労働時間20時間以上	変更なし	変更なし
月額賃金が月8.8万以上（年間約106万円以下）	変更なし	変更なし
雇用期間が1年以上見込まれる	雇用期間が2ヵ月超見込まれる	変更なし
501人以上の企業	101人以上の企業	51人以上の企業

●学生以外

　（学生とは大学、高等学校、専修学校で1年以上の各種
　　学校等に在学する生徒又は学生）

　いかがでしょうか？　上記の4つのポイントのなかでも週
20時間以上と月額賃金8.8万円以上となると月額賃金の1年
分の1,056,000円、いわゆる年収では106万円という年収の壁
がキーワードになってくるのではないでしょうか？

　この短時間労働者の適用拡大は、**図表6**のような法改正の
流れで実施されてきました。

　私は日常的に社会保険労務士として多くの顧問先の社長さ
んとお話をしていますが、令和6年の10月からの社会保険の
適用拡大により、いよいよ身近な中小企業も短時間労働者の

プロローグ：年収の壁をどう考えるか

図表7　従業者規模別事業所数及び従業者数（2021年）

従業者規模	事業所数	合計に占める割合（%）	従業者数（人）	合計に占める割合（%）
総数	5,078,617	100.0	57,457,856	100.0
1～4人	2,855,700	56.2	5,994,978	10.4
5～9	983,683	19.4	6,474,493	11.3
10～19	637,041	12.5	8,611,510	15.0
20～29	232,500	4.6	5,525,861	9.6
30～49	165,982	3.3	6,244,563	10.9
50～99	104,708	2.1	7,164,135	12.5
100～199	41,246	0.8	5,599,336	9.7
200～299	11,209	0.2	2,710,805	4.7
300人以上	13,239	0.3	9,132,175	15.9

社会保険加入の時代がやってきたと、実感が湧いてきます。

　日本の中小企業の規模別割合は令和3年度の統計資料によると**図表7**のようです。

　令和3年度の厚生省の資料ですが、事業所でみると従業者規模100人以上では1.3％しか対象事業所はありませんでしたが、仮に50人以上となると一挙に3.4％の事業所に拡大されることがわかります。従業者数で分析すると、これまで100人以上では30.3％でしたが、50人以上の12.5％を加算するとなんと合計約43％の従業者数にまで、拡大していくことが理解できます。令和6年の10月の51人以上企業規模への適用拡大で従業者数では日本の労働者の約4割は短時間勤務で基準に該当すれば社会保険に加入しなければならなくなるわけで

13

す。

　また、今後規模要件が廃止されると、適用事業所で勤務するすべての短時間労働者が基準をみたしていれば社会保険に加入しなければならなくなるのではないでしょうか。

　私の顧問先で、厚生年金加入者が101人以上となり、特定適用事業所に該当することになった会社がありましたが、パートタイム雇用で夫の被扶養者として働いている16名の方のうち、その大半である13名の方はやはり、勤務時間を短くするなどの契約内容の変更により、社会保険加入の選択はされなかったようです。理由は夫の所得に影響するからというのが大半のようであります。夫が公務員である方はその傾向が特に強かったようであります。

　逆に、週20時間以上で社会保険加入に同意した方は３名だったとのことでありました。

　このように、やはり勤務時間を短縮してでも、社会保険には加入しないで、夫の被扶養者でいることを選択希望する方は現実的にかなりいるわけであります。

　なお、社会保険や税の制度では、「夫」と「妻」はどちらが扶養・被扶養でも構いませんが、この本では一般に多い「夫」が「妻」を扶養している、という前提で話を進めます。ご理解のほどお願い申し上げます。

　私が実務的に相談を受けていると税務の年収の壁と社会保険の年収の壁をよく理解されていないまま、社会保険加入を

拒まれている方が結構多いのではないかと思われます。

　税務と社会保険の年収の壁をしっかり理解されての選択であればいいのでしょうが、複雑な年収の壁のため総務担当者も実際のところ十分理解されないまま、運営されてきているのではないでしょうか？

　また、先ほどの**図表7**をみると現在の日本は約6割の方が従業員数50人以下の企業で働いています。令和6年10月から51人以上厚生年金加入者のいる事業所について短時間労働者の社会保険の加入義務化がスタートしますが、今後いつからかまだ確定していませんが、規模要件の廃止までの間は約6割の労働者のうち社会保険の被扶養者として働いている労働者は、従来からの下記の扶養条件により被扶養者としてとどまることができます。

●認定対象者の年間収入は130万円未満

　　（認定対象者が60歳以上または障害厚生年金を受けられる程度の障害者の時は180万円未満）

●認定対象者が被保険者の年間収入の2分の1未満のとき

　これはあくまでも扶養でいるための条件であり、社会保険加入の条件とは異なります。従って社会保険加入の労働条件で働けば、社会保険に加入となり、社会保険の被扶養者ではなくなります。

　また、この130万円の壁の対応策として、年金事務所の事務連絡では、認定時には想定していなかった人手不足による

労働時間延長に伴う一時的な収入変動である事業主の証明書を提出することにより、同一の被扶養者について連続2回までの上限で一時的な事情として扶養の認定を行うとなっているようです。

このように、社会保険の被扶養者として働くための条件は令和6年の10月とその後の規模要件の廃止により対応策が大きく変わってくることがご理解いただけるのではないでしょうか。

なお、健康保険の保険者は、全国健康保険協会、及び健康保険組合ですが、この本では全国健康保険協会（協会けんぽ）の基準で記載しています。健康保険組合は組合ごとに独自の規約があるので、この本で紹介する基準と異なっているところもあると思いますのでご理解のほどお願い申し上げます。

4. マズローの欲求5段階説からみた、パート・アルバイトさんの働く動機と会社への思いとは

賃金制度に関すること、例えばどうして頑張っているのに賃金は上がらないのかとか、賞与、退職金などのお金にからむことについては、一般的には従業員が最も気にするところなので、しっかり社長さんの考えを明確にすることが、重要であると思います。ただし、この本では、この本のテーマで

ある、社会保険や税法上の被扶養者として働くパート・アルバイトさんを中心に考えていきたいと思います。

このことを考える上で、大変参考になるものとして、アメリカの有名な心理学者アブラハム・マズローの5段階欲求説を紹介していきたいと思います。社長さんのなかには、すでに知っているよと思っている方も多いと思います。それほど有名な学説でいろいろな分野で活用されております。この学説は人事制度を考えていくうえでは、ベースになってくるので、私は大変参考になると思っております。ですので、労務関係の本の出版の折には必ず紹介しております。

マズローが唱えた欲求五段階説では、**図表8**のように、人間の欲求は五段階のピラミッドのようになっていて、底辺から始まって、一段目の欲求が満たされると、一段階上の欲求を志すというものです。生理的欲求、安全の欲求、親和の欲求、承認の欲求、自己実現の欲求となります。

まず、「生理的欲求」と「安全の欲求」は、人間が生きる上での衣食住等の根源的な欲求であります。人事制度でいえば、失業していた人が、やっと就職できたとかいう状況であります。従ってこの段階の人はとにかく賃金がいくらもらえるかが、一番重要な課題になります。ですからこの段階の方の人事対策としては、賃金の多い少ないが最大の関心ごとになってきます。従って求人はこのことを考えて、いい人材を募集したいと思えば、世間相場より高めの賃金で求人票を職

図表8　マズローの欲求5段階説

ニーズ（欲求）が満たされると、さらに
高次のニーズが高まる

自己実現

自分の能力を発揮して創造的活動をしたい

承認欲求

他者から価値ある存在と認められたい

親和欲求

他者と関わりたい、集団に帰属したい

安全欲求

生命に関するものを安定的に維持したい

生理的欲求

空腹、睡眠など、生命を維持したい

安に提出するといった戦略が導きだされます。

　その欲求が満たされると次の欲求である「親和の欲求」
は、他人と関わりたい、他者と同じようにしたいなどの集団
帰属の欲求であります。この段階の人は人事制度でいえば、
入社3・4年目の従業員が該当してくると思います。

　先輩従業員の方に早く一人前に認められたいと考えている
状態で、給料などの賃金制度において、当社は世間並みの水

準かどうかなど、賞与はどれくらいかなど気にしてくる段階で、モチベーションアップには賃金だけでなく、仕事の権限や、達成感などを与えるなどの従業員の教育訓練がさらに必要になってくる段階かと思います。前節で説明したように、職務手当などの手当は、少なくともこの段階前後からの導入がベストではないかと思います。

そしてその段階も達成すると、次の欲求は、「承認の欲求」といわれるもので、自分が集団から価値ある存在として認められ、尊敬されることを求めてくる、いわゆる認知欲求が起きてきます。人事制度でいえば、仕事もベテランになり、課長、部長といった地位に目覚めてくる段階ではないかと思っております。ですから、この段階の従業員はお金よりむしろ役職がモチベーションアップに影響を与えるのではないかと思います。従って、この段階前後から少なくとも役職手当を支給するといったことがベストの戦略になってくると思います。

そして、この段階の欲求も達成すると人は、「自己実現の欲求」という、自分の能力・可能性を発揮し、創造的活動や自己の成長を図りたいという欲求に成長してきます。人事制度でいえば、自分に権限を与えてもらい、あるプロジェクトをやり上げるなどになると思います。

この段階の従業員はお金よりむしろ仕事のやりがいがモチベーションにつながってくるのではないかと思っておりま

す。ひとつ気をつけなければならないのが、ここまでレベルが上がった従業員は、そうです社長さんが恐れていることです。独立してやがて自分のライバルになってしまうことが考えられます。

このようなステップで、一般的な従業員はレベルアップしていくと思われます。

しかしながら、この本のテーマである、被扶養者で働くことを希望するパートさんについては、このマズローの欲求5段階説のうち大半の方は1段階目の生理的欲求か2段階目の安全の欲求どまりになってしまっているのが現状ではないでしょうか？

従ってパートさんたちを、いかに3段階目の親和の欲求、4段階目の承認の欲求までレベルアップしていくかが、現在の日本の人手不足を解消する戦略の一つになってくるのではないかと考えます。

私は結論からいうと、このマズローの欲求5段階説では、レベルアップさせることがなかなか難しい、被扶養者の範囲内で働く、年収の上限が決まっているパートさんなどは、従来からの積み上げ式の人事・賃金制度ではない、新しい考え方が、必要ではないでしょうか。

従業員の人事制度はこのような、大局的な視点で、この従業員にどの段階の刺激を与えればやる気がおこるかを考えてやらないと、いけないと思います。

20

プロローグ：年収の壁をどう考えるか

　ただし、この本のテーマである、年収の上限があるパート・アルバイトさんでは、最低賃金の引き上げにより逆に勤務時間を減少しなければならないといった、一般的な人事制度では対応できない人がいるということを考えながら、社長さんは経営全般のことを考えていかなければならないのではないでしょうか。

まとめ

　パート・アルバイトさんの年収の壁を意識した働き方は、インフレと最低賃金の引き上げと、令和6年10月からの、51人以上の特定適用事業所にも社会保険拡大が進んでいくことにより、大きく変化していきます。このような時代の流れのなかで改めて年収の壁について考えるときがきたのではないでしょうか。

第1章

年収の壁とは
どのようなことか？

税務の視点と社会保険の視点で考え方が大きく違う

　就業調整に影響を与えるいわゆる年収の壁には**図表9**のように、社会保険と税法の視点から考えると6種類の壁が存在することになります。さらに、51人以上の特定事業所への適用拡大とやがて実施される規模要件の廃止により、廃止前と廃止後において、社会保険加入拡大における年収の壁が、適用事業所で勤務している時は130万円から結果的に106万円となっていきます。ですので、大変わかりにくい仕組みとなっております。

　6つの壁の簡単な解説は下記のとおりです。

●100万円の壁

　一般的に税法上の非課税の壁とは所得税の壁である103万円と思いがちですが、住民税も含めて考えると実は100万円の壁が存在します。ただし、市町村によって100万円の所もあれば私の地元である金沢市のように97万円の市町村もあります。

●103万円の壁

　給与収入が年103万円を超えると、自身のバイト代やパート代などに、所得税が課税される年収額になります。配偶者の扶養に入っている子供さんなどは、年収103万円を超えると税法上の扶養を外れ、自身に所得税と住民税が課される年

図表9　年収の壁一覧

年収	労働者の税金（住民税・所得税）と社会保険料			労働者の配偶者の税金（所得税）	
	住民税	所得税	社会保険料	配偶者控除	配偶者特別控除
100万円以下	無（居住地により異なる）	無	無	対象	—
100万円以上103万円以下	有（居住地により異なる）				
103万円超え	有	有		—	対象
106万円以上	有	有	有（51人以上）		
130万円以上	有	有	有		
150万円超え	有	有	有		
201万円超え	有	有	有		対象外

（51人以上は令和6年10月から。それまでは101人以上）

収額であります。

　また、**図表9**のように103万円以下のときは、配偶者の合計所得金額が1000万円以下などの要件がありますが配偶者控除があります。103万円を超えると、配偶者控除はなくなり配偶者控除と同様に一定の要件がありますが配偶者特別控除が201万円まであります。

　配偶者控除は納税者本人の合計所得金額によって最大は38万円で、最小は13万円であります。

　それに対して配偶者特別控除の最大は38万円で最小は1万円であります。ここで多く方が勘違いしているのが、年末調

整などで所得控除が38万円あるといっても、所得税がまるまる38万円少なくなるわけではありません。配偶者の所得税率が10％の方であれば38万円の10％で３万8,000円所得税が少なくなるという仕組みであります。

●106万円の壁

厳密に言えば、今年10月からは51人以上の事業所で報酬の月額が８万8,000円以上で、その他の要件を満たしていれば社会保険に加入しなければならない基準であります。８万8,000円×12か月で105万6,000円であることから106万円の壁と呼ばれております。

●130万円の壁

会社員、公務員などの配偶者や扶養者の社会保険の被扶養者になれるかどうか、または、配偶者であれば国民年金の第３号被保険者になるかどうかの基準となります。

130万円以上となると、被扶養者から外れ、自ら保険料を納めて医療保険・年金制度に加入することになります。

ただし60歳以上の方や一定の障害のある方のときは130万円を180万円と読み替えていきます。

●150万円の壁

夫に扶養されている妻に収入があり、妻の収入が150万円を超えてくると、夫が受けられる配偶者特別控除額が段階的に減少していく基準となります。

※妻と夫が逆の場合もあります。

26

第1章　年収の壁とはどのようなことか？

●201万円の壁

　配偶者特別控除が受けられるかどうかの壁の基準であります。配偶者特別控除を受けるには、労働者の合計所得133万円以下であることが条件となります。給与収入が201万円のとき、68万3,000円（201万円×30％＋8万円）の給与控除が発生します。従ってこの給与控除に133万円を足した金額が201万円になるため、年収201万円の壁といわれています。

　いかがでしょうか。これだけ多くの年収の壁があるため大変理解しにくい内容となっております。

2. 事業所の規模でも大きく違う

　前節で6つの年収の壁について記載しましたが、社会保険加入については、事業所の規模によって大きく変わるということもあります。**図表9**の106万円と130万円の年収の壁の違いはこの事業所の規模によって変わってくることになります。

　この**図表10－1**をみていただきたいのですが、Ⅰ型事業所、Ⅱ型事業所、Ⅲ型事業所と私の勝手な視点ですが、区分けしてみました。

　社会保険加入ということを考えていくには、この3つに区分して考えていくほうが非常にわかりやすいと思いましたので、この本では以後3つに区分して考えていきたいと思います。

図表10－1　社会保険の適用事業所

	タイプ	従業員数	
強制適用事業所	Ⅰ型事業所	51人未満	適用業種の事業で、常時5人以上の従業員を使用する個人経営の事業所 法人または、国、地方公共団体の事業所であり、常時従業員を使用するもの
	Ⅱ型事業所	51人以上	適用業種の事業で、常時5人以上の従業員を使用する個人経営の事業所 法人または、国、地方公共団体の事業所であり、常時従業員を使用するもの
任意適用事業所	Ⅲ型事業所	5人未満	適用業種の事業であって、常時5人未満の従業員を使用する個人経営の事業所 非適用業種の事業であって、個人経営の事業所

（適用業種とは、製造業、土木建設業、保険衛生業、弁護士、公認会計士、社労士等が法令の規定に基づき17業種が規定されている。）
（非適用業種とは、第一次産業（農林畜産業）、サービス業（旅館、料理店、飲食店等の接客娯楽業、理容業）宗教業（神社、寺院、教会等）であります。）

　図表10－2のように社会保険加入という視点で考えていくのであれば事業所の規模により、考え方が大きく異なってきます。

　従って年収の壁の対象者は、社会保険加入の決め手となる賃金の決め方には大きく3つのタイプに分けて考えていかないと納得のいく賃金の決め方にはなっていかないと思います。

　なぜならⅢ型事業所では、正社員と同等の勤務条件でも社会保険加入の義務はありません。ただし、夫の扶養で社会保険に加入しているのであれば、130万円以上になれば、夫の扶養から外れ、国民健康保険に加入するということになってきます。なお、60歳以上は180万円であります。

第1章　年収の壁とはどのようなことか？

図表10－2　社会保険の加入条件

	タイプ	従業員数	
強制適用事業所	Ⅰ型事業所	51人未満	1週間の所定労働時間および1か月の所定労働日数が同一の事業所に使用される通常の労働者の1週間の所定労働時間及び1か月の所定労働日数の4分の3以上であること。
	Ⅱ型事業所	51人以上	1週間の所定労働時間が20時間以上、報酬（最低賃金法で賃金に参入しないものを除く）の月額が88,000円以上であること、学生等でないこと
任意適用事業所	Ⅲ型事業所	5人未満	なし、但し社会保険は労働者の2分の1以上同意を得て厚生労働大臣の承認をうければ適用事業所となることができます。

（51人以上は令和6年10月から。それまでは101人以上）

　さらに、Ⅲ型事業所となる個人事業所においてはこれまで従業員5人以上の「金融・保険」などの17業種にかぎり加入義務が生じていましたが、法改正により今後、これまで対象外だった宿泊業や飲食業にも規模要件が撤回され適用範囲が拡大されるかもしれなくなってきました。

　ここで確認しておきたいのはあくまでも、106万円は10月からの51人以上の社会保険加入条件であり、130万円は、被扶養者になるための条件で、130万未満でもⅠ型の社会保険加入条件を満たすならば加入しなければならいということであります。

　また、夫が国民健康保険に加入しているケースでは国民健康保険制度には被扶養者という制度はないので、妻は同

29

じ国民健康保険に加入するか、勤務先の社会保険に加入するかの選択になります。従って社会保険の扶養ということは考える必要はありません。ただし、税法上の扶養の壁は適用となります。

3. 収入のランクで、税法と社会保険の適用が大きく違う

　前節のように、事業所の規模によっても社会保険の適用条件が大きく異なりますが、それと同時に収入によって変化するのが、税法の壁であります。**図表9**では所得税と住民税と社会保険の壁を一覧で表示しましたが、複雑に入り組んでいるため大変わかりにくい制度であるといえます。

　この節では税法の壁について詳しく解説していきたいと思います。

●パート・アルバイトさんの給与

〔年収100万円の壁〕

　年収102万円のケース（収入は給与収入だけで、控除は給与所得控除のみで適用市町村は住民税98万円からのケース）

　住民税の計算例

　「所得割」

　給与収入102万円 − 給与所得控除55万円 − 住民税の基礎控除43万円 = 4万円

30

４万円×住民税の税率10％＝4,000円

「均等割」

金沢市のとき

　　市民税　3,000円＋県民税1,500円＝4,500円

「住民税合計」

所得割4,000円＋均等割4,500円＝8,500円

　上記のように住民税がかからないラインとなる年収98万円からみれば、年収４万円増加しましたが、40,000円－8,500円で31,500円の手取りアップということになります。

　このように、収入がアップしていくと所得税や住民税がアップしてきて、手取り額が大きく相違してきます。これに社会保険料適用による手取りの減少ということが重なってきます。

〔年収103万円の壁〕

給与収入105万円のケース

　所得税の計算例

　給与収入105万円－給与所得控除55万円－基礎控除48万円
　＝２万円

　　年収105万円であれば所得税率は５％なので

　　２万円×５％＝1,000円の所得税が発生してきます。

　その他所得控除があれば、105万円でも所得税がかからないことがあります。その他住民税もかかってきます。

　そしてパートさんの所得が多くなればなるほど図表13の

図表11　給与所得控除額

給与等の収入金額 （給与所得の源泉徴収票の支払金額）	給与所得控除額
1,625,000円まで	550,000円
1,625,001円から1,800,000円まで	収入金額×40％－100,000円
1,800,001円から3,600,000円まで	収入金額×30％＋80,000円
3,600,001円から6,600,000円まで	収入金額×20％＋440,000円
6,600,001円から8,500,000円まで	収入金額×10％＋1,100,000円
8,500,001円以上	1,950,000円（上限）

（注）　同一年分の給与所得の源泉徴収票が2枚以上ある場合には、上記の表を適用
してください。

図表12　所得税基礎控除

基礎控除は、納税者本人の合計所得金額に応じてそれぞれ次のとおり
となります。

納税者本人の合計所得金額	控除額
2,400万円以下	48万円
2,400万円超2,450万円以下	32万円
2,450万円超2,500万円以下	16万円
2,500万円超	0円

●住民税の基礎控除額は43万円、住民税の税率は一律10％

図表13

課税される所得金額	税率	控除額
1,000円から1,949,000円まで	5%	0円
1,950,000円から3,299,000円まで	10%	97,500円
3,300,000円から6,949,000円まで	20%	427,500円
6,950,000円から8,999,000円まで	23%	636,000円
9,000,000円から17,999,000円まで	33%	1,536,000円
18,000,000円から39,999,000円まで	40%	2,796,000円
40,000,000円以上	45%	4,796,000円

（所得金額の計算方法）
課税される所得金額＝収入金額－給与所得控除－所得税基礎控除－配偶者控除や社会保険料などの所得控除

ように所得税率がアップしていきます。

　この図表13のように、この本のテーマである、年収の壁該当者の所得は大半が1,949,000円未満なので、上記の表からも、所得税率は5％で前記の計算例のように、103万円を超えた金額の5％とか10％の所得税とそれに連動した住民税がアップしていくと考えればわかりやすいのではないでしょうか。

〔年収130万円の壁〕

　例えば給与収入130万円で社会保険加入条件をみたしている場合の所得税から考えてみましょう。130万円－55万円－

48万円＝27万円。これに社会保険加入による社会保険料186,648円と雇用保険料7,800円を控除後の75,000円に税率の5％をかけて3,700円が所得税となります。住民税は130万円－55万円－43万円＝32万円から社会保険料186,648円と雇用保険料7,800円控除後の125,000円の所得の約10％の所得割12,500円と均等割の4,500円で合計17,000円となります。住民税は居住地によって計算方法が違いますのでこの計算額とは相違してきます。従ってこの年収130万円では所得税と住民税の合計で約2万円ほどの税金がかかってきます。さらに130万円では社会保険加入になるため、社会保険料が年間で約19万円かかってきます。税金と社会保険料の合計約21万円控除で考えるならば、手取りは年収103万円前後の方より月額手取りで考えれば22,500円の月額収入がアップしますが実質手取りでは約6千円ほどしかアップしていないという実態がみえてきます。

　いかがでしょうか？　ここまでは、パート・アルバイトさん自身の給与について考えてきましたが、現在扶養にしてもらっている、**図表9**の配偶者である夫の所得税の影響について考えてみたいと思います。

●配偶者（夫）の給与への影響

　図表9をよく見ていただくと、配偶者のケースでは年収の壁は103万円と150万円と201万円の3つあると考えれば大変わかりやすいのではないでしょうか。

第1章　年収の壁とはどのようなことか？

　ざっくり言えば103万円で配偶者控除38万円、103万を超えて150万円であれば配偶者特別控除38万円、150万円を超えて201万円までは配偶者特別控除38万円は減額されて、201万円以上になると配偶者特別控除はなくなります。

　従って、よく顧問先でお聞きする所得が多くなり扶養で働けなくなると、夫の所得が減少するからというお話がありますが、基本的にはこの配偶者控除、配偶者特別控除の38万円の控除が受けられるかどうかということであります。多く方が勘違いされているのは、扶養から外れると、38万円夫の税金が多くなってしまうと勘違いされているように思われます。

　図表13にあるように、夫の所得税のランクにより、1,950,000円から3,299,000円の所得であれば、所得税率10％なので、配偶者控除や配偶者特別控除が受けられるということは、原則として所得税の配偶者控除38万円の10％の38,000円の所得税と住民税の配偶者控除33万円10％の33,000円の住民税が減税になるということになります。決して38万円がまるまる減税になるわけではないということを十分理解しなければならないと思います。

　また、会社の家族手当などで、扶養から外れた時は、毎月の家族手当、1万円とか2万円がなくなるというケースであればそのことも十分考えなければならないと思います。

　以上のように、収入がアップしていくと、所得税、住民税、そして、配偶者の所得税にまで影響していきます。

35

さらに社会保険加入となると、社会保険料負担などこれらの複数の視点をよく理解して、パート・アルバイトさんの社会保険加入を考えていかなければならないのではないでしょうか。

4. 視点が複雑に交差して扶養で働くことの意味がわかりにくい

　この節では、具体的に年収いくらの時に、パート・アルバイトさんの社会保険料や税金、そして配偶者の税金がどうなるかについてシミュレーションしてみたいと思います。

　図表14を見ていただきたいと思います。社会保険加入のタイプは薄く網かけをして表示しました。また、８タイプに分けて考えてみました。このタイプ分けして考えるとＤ型で対応とか、Ｅ型で対応とかわかりやすいと思います。

　令和６年10月からの従業員51人以上は社会保険の適用拡大となり、数年後にはすべての適用事業所がＤ型となりますが、具体的にみていきたいと思います。

　タイプＣとタイプＤをみていただくと、同じ年収でありながら手取りが51人以上の事業所では、毎月11,743円も手取りが少なくなってしまいます。これはご存じのように社会保険に加入したことによる保険料相当分があるからであります。

　このＣ型の手取りベースでみていきますと、Ｆ型年収130

第1章　年収の壁とはどのようなことか？

図表14　パートさん30歳のケース（被扶養者）

	タイプ	年収万	月額賃金	所得税	住民税	雇用保険料	健康保険料	厚生年金保険料	手取り額	マイナス合計	年間マイナス
人数要件なし	A型	100	83,333	0	492	500	0	0	82,341	992	11,904
人数要件なし	B型	103	85,833	0	733	515	0	0	84,585	1,248	14,976
51人未満の会社	C型	106	88,333	92	983	530	0	0	86,728	1,605	19,260
51人以上の会社	D型	106	88,333	0	375	530	4,391	8,052	74,985	13,348	160,176
51人未満の会社	E型	129	107,500	1,067	2,892	645	0	0	102,897	4,603	55,236
人数要件なし	F型	130	108,333	317	1,417	650	5,489	10,065	90,396	17,937	215,244
人数要件なし	G型	150	125,000	1,050	2,850	750	6,287	11,529	102,534	22,466	269,592
人数要件なし	H型	201	167,500	2,317	5,333	1,005	8,483	15,555	134,807	32,693	392,316

（円）

（住民税の基礎控除は43万円で所得割を計算し、均等割は一律4500円で計算しています。）
（社会保険料は東京都の料率で計算しています。）
（所得税と住民税は単純に年額を1/12で計算した数字です、従って給与明細書で源泉されている所得税や住民税とは異なってきます。）

万円の手取り90,396円より約４千円少ない状況となっております。

　従って、労働時間を増やして、年収24万円アップしてＦ型で社会保険に加入しても、手取りベースでは賃金がそれほど多く増加したとはいえないという現実があります。

　ここに、ある意味年収の壁の争点の一つがあるのではないでしょうか。従って年収100万円から130万円のパート・アルバイトさんにどのタイプで働いてもらうかが、雇用と賃金設計のポイントになってくるのではないでしょうか。

37

図表15　夫配偶者　35歳

タイプ	年収万	月額賃金	年間所得税	雇用保険料	健康保険料	厚生年金保険料
A型	420	350,000	71,150	2,100	17,964	32,940
B型	420	350,000	71,150	2,100	17,964	32,940
C型	420	350,000	71,150	2,100	17,964	32,940
D型	420	350,000	71,150	2,100	17,964	32,940
E型	420	350,000	71,150	2,100	17,964	32,940
F型	420	350,000	71,500	2,100	17,964	32,940
G型	420	350,000	71,150〜90,150	2,100	17,964	32,940
H型	420	350,000	90,150	2,100	17,964	32,940

(復興特別所得税考慮せず)

　次に**図表15**をみていただきたいと思います。

　この**図表15**は、さきほどの被扶養者の立場ではなく、社会保険の被保険者で、妻を扶養にしている方のタイプAからH型における、被保険者の扶養者がいるときの年間の所得税の影響について表示してみました。

　この**図表15**を見ていただければ、配偶者である夫の所得税への影響がよく理解できると思います。

　妻の年収が103万円を超えることにより税法上の配偶者控除がなくなり、103万円からは、配偶者特別控除38万円に移行します。そして年収150万円から年収201万円までの間で段階的に、配偶者特別控除の控除額は削減され、201万円から

は、配偶者特別控除は受けられなくなっていくという、税法上の仕組みがあります。

従って、社会保険加入による、配偶者である夫への影響は妻の年収が150万円以上になるG型かH型になったときに、所得税の負担が図表のように大きくなってくるということであります。

図表15のケースは所得税率5％の方のケースでしたが図表13のように所得が高く、所得税率20％の方であれば38万円の20％の7万6千円ほど計算上所得税がアップするということもあります。ただし最終的な所得税の計算では所得による控除額の関係でこのとおりの所得税にはなってこないのでご理解のほどお願いします。

また、この図表15をよくみていただければ、妻が被扶養者であるかどうかに関係なく、健康保険料は変わりません。よくお客様から、扶養に入ると保険料がアップするのですかと聞かれますが、変わりません。

この図表15には表示しておりませんが、夫が会社で家族手当、妻に対して1万円とか支給があり、扶養から外れることにより、手当がなくなるということであれば、その手当の減少額も重要な、社会保険加入時に検討すべき項目の一つではないかと思います。

複雑な年収の壁の仕組みいくらかでも具体的にイメージつきましたでしょうか。

5. 社会保険に加入しないで被扶養者でいることのメリット

この節では社会保険に加入しないで被扶養者でいることのメリットについて深く考えてみたいと思います。そもそも扶養になるための基準は、下記の内容でいくつかの制限があります。

また健康保険では被保険者だけでなく、被保険者に扶養されている家族にも保険給付を行います。この家族のことを扶養になっているということで被扶養者といいますが、被扶養者の範囲と条件は法律で細かく定められています。

（被扶養者の範囲とその条件）

○被扶養者となるためには、主として被保険者の収入によって生活していることが必要であります。

○被扶養者となる人の収入が年間130万円（60歳以上又は一定の障害のある方は180万円）未満で、被保険者の収入の1/2未満であることとされています。（年金・失業等給付等を含む）

○後期高齢者医療の対象者については、被扶養者にはなれません。

○被扶養者の収入には、雇用保険の失業等給付・年金・傷病手当金等も含まれます。まるまる雇用保険の基本手当の給付を受けている間は被扶養者になれません。

（ただし、基本手当日額×360日＜130万円の場合はなれます）
給付が始まるまで（給付制限期間）は無収入なので被扶養者になることができます。

　健康保険の傷病手当金・出産手当金についても同じです。
○税法上は基礎控除等がありますが、被扶養者の認定には控除はありません。
○年間収入は今後の見込み額です（退職等で今後の収入が無くなる方はその年の収入額にかかわらず、被扶養者になることができます）。
○子が複数の場合、まとめて夫婦どちらか主として生計を維持する方の被扶養者となります。

　上記のいずれも協会けんぽに加入しているケースであります。健康保険組合に加入の場合は認定基準・添付書類が違いますので、ご加入の健康保険組合に確認する必要があります。

　以上のように、扶養になれる条件が細かく定められていることをご理解いただきたいと思います。

　このような条件をみたして、被扶養者になることのメリットは私は下記の視点であると思います。

その1　被保険者の被扶養者になることにより、健康保険料の負担が発生しなくなる。ただし、被扶養者が社会保険適用事業所に勤務していなければ、扶養でなくなれば国民健康保険の加入となり、国民健康保険料が発生してくる。

その2　被保険者の扶養になることにより、配偶者の時は国民年金の第3号被保険者となり、国民年金の保険料負担がなくなる。

　上記のように、被扶養者でいることは、経済的負担が大きく減少します。かりに、130万円を超えて扶養から外れることになって、勤務先が社会保険適用事業所でなければ国民年金保険料令和6年度価格16,980円の負担と国民健康保険料（35歳で年収100万円前後ですと各市町村によって違うと思いますが約5,000円前後ではないでしょうか）の合計で約2万2千円ほどの負担があらたに発生することになります。

　図表14のタイプD型で社会保険適用となったケースで健康保険料4,391円と厚生年金保険料8,052円の合計12,443円からみても、扶養から外れるケースでは、社会保険適用事業所であれば社会保険に加入したほうが、国民健康保険や国民年金に加入するよりは有利であることが理解できます。

6. 社会保険に加入したときのメリット

　この節では、社会保険に加入したときのメリットを考えてみたいと思います。先ほどのDタイプの人であれば、毎月12,443円の保険料負担が発生することになります。

　ここで重要なことは、それとほぼ同額の社会保険料を会社が負担しているという現実であります。例えばDタイプの人

第1章　年収の壁とはどのようなことか？

図表16　社会保険（健康保険）と国民健康保険の相違

	社会保険（健康保険）	国民健康保険
対象者	会社員や公務員及びその扶養家族など	個人事業主やフリーランスなどの自営業者および年金受給者など
医療費の自己負担割合	未就学児（2割負担）	
	6歳以上69歳以下（3割負担）	
	70歳以上74歳以下（2割負担）現役並み所得者（3割負担）	
出産育児一時金	有	有
高額療養費制度	有	有
葬祭費（埋葬料）	有	有
家族埋葬料	有	無
傷病手当金	有	無
出産手当金	有	無
扶養制度	有	無
保険料の支払い	加入者と会社で折半	加入者が全額負担

は厚生年金保険料負担は8,052円でありますが、これが国民年金加入となると16,980円の負担増になってしまいます。しかも厚生年金加入は国民年金を納付したものとして、計算され、賃金部分が上乗せされて計算されるので保険料負担からみても非常に有利であります。しかも賃金の上乗せ部分は、老齢年金だけでなく、障害年金や遺族年金の受給時に反映されることになります。

　社会保険に加入しないということは、条件を満たし被扶養者になるか、国民健康保険に加入するかということになって

43

きます。

　図表16に社会保険と国民健康保険の相違をまとめました。

　図表16をみていただければ、健康保険にはある保険給付としての傷病手当金・出産手当金の制度が国民健康保険制度にはないことがわかります。

　また、国民健康保険制度には被扶養者という制度がないため家族全員が加入し、その分保険料がアップします。健康保険制度では扶養者が何人いても保険料に変更はありません。

　以上のように、健康保険に加入したほうが、保険料の負担や保険給付の視点からみれば、有利な面が多いのではないでしょうか。

　次に、社会保険加入の時は、厚生年金に加入することになります。図表17をみていただきたいと思います。

　いかがでしょうか？　保険料負担が図表14のＦタイプの方であれば、保険料は10,065円と事業主負担分を除けば国民年金保険料の約６割になります。また、老齢年金は、厚生年金では基礎年金部分は納付されたものとして計算され、現役時代の賃金部分が加算されるので、年金の面でみても、社会保険加入のメリットは多いのではないでしょうか。

　以上二つの側面から、社会保険加入のメリットを検証してみました。このようなことを考えると、年収の壁の範囲内で扶養で働くよりも、労働時間を多くして、社会保険加入で働くという選択肢も十分検討してみてもいいのではないでしょうか。

44

第1章　年収の壁とはどのようなことか？

図表17　社会保険（厚生年金）と国民年金の相違

	社会保険（厚生年金）	国民年金
加入者	会社員、公務員	自営業者、フリーランス、学生、無職、専業主婦など
被保険者資格	第2号被保険者	第1号被保険者、第3号被保険者
保険料	収入により異なる（事業主と折半）	一律16,980円（令和6年度）
受給要件	老齢基礎年金（国民年金）の受給要件を満たしたうえで、厚生年金加入期間が1ヵ月以上あること	保険料納付済期間と保険料免除期間などを合算して10年以上あること
年金受給開始時期	原則65歳	原則65歳
老齢年金額	現役時代の賃金と加入期間により変わる。	受給資格期間に応じて一律の金額81万6千円（令和6年度満額）
障害年金の受給要件	障害等級1から3級に該当（3級に該当していなくても障害手当金が受け取れる場合もある）	障害等級1級または2級に該当
遺族年金の受給要件	生計を維持されていた子、配偶者、55歳以上の夫、55歳以上の父母、55歳以上の祖父母	生計を維持されていた「子のある配偶者」または「子」

7. 51人以上の特定適用事業所とそれ以外の事業所では扶養の範囲が大きく異なる

　令和6年10月からいよいよ社会保険の適用拡大が、従前の101人以上の事業所から51人以上の事業所へと拡大されました。適用拡大の詳細な基準について、すでに記載しましたが、さらにこの扶養について考えてみたいと思います。

45

51人以上かそれ未満かで、年収の壁が、106万円か130万円かという違いが出てきます。その差額24万円は月額でいえば2万円あります。月額の賃金でいえば、88,000円か108,000円かの相違であります。仮に今まで80人の会社で、108,000円で働いていた方が、扶養のままでいたいとすれば、毎月月額2万円分労働時間を削減しないと、社会保険に加入しなければならなくなってきます。**図表14**でいえばタイプFの該当者になり、手取りが約1万5千円社会保険に加入することにより減少することになってきます。

国税庁の令和4年の民間給与実態統計調査による事業所規模別給与階層割合（**図表18**）をみると、30人から99人の事業所で働く女性では、100万円未満が10.4％、100万円超200万円未満が21.0％となっております。合計で31.4％と約3割の方が、この年収の壁を意識した働き方をしていることがわかります。

また、5人から9人の事業所で働く女性では、100万円未満19.6％、100万円超200万円以下が26.2％と合計45.8％で、約半数の女性労働者が年収の壁を意識した働き方をしていることがよく理解できます。

このように、この月額2万円の賃金差ですが、上記のようにかなり、年収の壁を意識した方がいかに多く含まれているかがご理解していただけたのではないでしょうか。

従って、夫の扶養内で働いていた方が仮に時給1,000円と

図表18　事業所規模別の給与階級別構成割合

区　　分			100万円以下	100万円超200万円以下	200万円超300万円以下	300万円超400万円以下	400万円超500万円以下	500万円超600万円以下	600万円超700万円以下	700万円超800万円以下
（事業所規模）			%	%	%	%	%	%	%	%
10人未満		男	5.3	12.1	16.7	18.6	16.6	11.4	5.0	4.5
		女	20.4	28.8	21.3	13.9	7.3	3.5	1.5	0.9
		計	12.5	20.0	18.9	16.3	12.2	7.6	3.3	2.8
	1～4人	男	6.3	15.1	20.1	18.4	13.7	10.0	4.2	4.0
		女	21.2	31.4	22.5	11.6	6.4	3.2	0.8	0.9
		計	13.7	23.1	21.3	15.0	10.1	6.7	2.5	2.4
	5～9人	男	4.4	9.6	13.9	18.7	19.0	12.5	5.7	4.9
		女	19.6	26.2	20.2	16.0	8.2	3.7	2.1	0.9
		計	11.4	17.2	16.8	17.5	14.1	8.5	4.1	3.1
10～29人		男	3.4	6.5	12.8	20.1	21.0	13.9	7.6	4.7
		女	13.8	22.9	22.4	19.2	10.7	4.4	2.3	1.1
		計	7.9	13.5	16.9	19.7	16.6	9.9	5.3	3.2
30人以上	30～99人	男	2.5	6.4	11.5	20.4	21.5	15.1	8.8	4.7
		女	10.4	21.0	21.6	23.0	13.6	5.3	2.2	1.1
		計	5.8	12.5	15.8	21.5	18.2	11.0	6.1	3.2
	100～499人	男	2.8	5.5	9.2	17.4	20.8	15.5	10.0	6.7
		女	10.2	17.6	20.4	22.0	15.6	7.2	3.3	1.6
		計	5.9	10.6	13.9	19.3	18.6	12.0	7.2	4.5
	500～999人	男	2.4	5.0	7.8	13.8	17.7	17.0	11.6	8.1
		女	11.6	17.7	17.5	18.5	15.2	9.4	4.6	2.4
		計	6.3	10.3	11.8	15.8	16.7	13.9	8.7	5.7
	1,000～4,999人	男	3.3	4.5	7.1	10.9	14.6	13.8	11.1	9.0
		女	14.1	19.5	17.4	15.4	12.8	8.6	5.1	2.5
		計	7.7	10.6	11.3	12.7	13.9	11.7	8.7	6.4
	5,000人以上	男	4.0	4.7	5.0	6.9	10.2	12.4	11.6	11.6
		女	18.5	23.2	18.0	11.1	8.9	7.0	5.5	2.8
		計	9.9	12.2	10.3	8.6	9.7	10.2	9.1	8.0
	計	男	3.1	5.3	8.3	14.2	17.3	14.6	10.5	7.9
		女	12.8	19.8	19.3	18.5	13.3	7.3	4.0	2.0
		計	7.1	11.3	12.9	16.0	15.6	11.6	7.8	5.4
合　　計		男	3.4	6.2	9.8	15.5	17.7	14.2	9.5	7.1
		女	14.0	21.5	20.0	17.9	12.1	6.4	3.4	1.7
		計	7.8	12.7	14.1	16.5	15.3	10.9	6.9	4.8

※800万円以上を省略　　　　　（国税庁：令和4年　民間給与実態統計調査より）

すると、130万円÷1,000円で年間1300時間、月21日勤務であれば、1300÷12÷21＝5.2で毎日5時間勤勤務であれば扶養内で働けましたが、106万円となると、106万円÷1,000円で年間1060時間、月21日勤務であれば、1060÷12÷21＝4.2時間となり、やむなく勤務時間を毎日1時間削減して労働条件を変更しなければ扶養のままで働けないという状況になってきます。

従って、年収130万円の壁で勤務してきた、パートさんについては労働時間を削減して、雇用するか社会保険に適用するかを判断しなければならなくなってきました。

このように、51人以上の事業所では、パート・アルバイトさんは毎日勤務の方であれば1日5時間以上働くと、大半の方が社会保険に加入しなければならないという実態がみえてきます。

雇用保険の加入条件は週20時間以上勤務なので、基本的には雇用保険加入対象者は51人以上の事業所は社会保険加入と考えればわかりやすいのではないでしょうか。

8. 51人未満の事業所は130万円を超えても2年間猶予措置がある

この節では、51人未満の事業所における、年収の壁対策の一つとして施行された、130万円を超えても2年間は扶養の

ままで存続できる猶予措置について考えてみたいと思います。**図表18**からもわかりますが、５人から９人未満の事業所の女性の約半数は年収200万円以下なので、この猶予措置の適用をうける労働者の方は非常に多いのではないかと考えます。

　２年間の猶予措置は具体的には、健康保険組合が被扶養者の収入の確認において、51人未満事業所の年収130万円の壁の対応策として、人手不足による労働時間延長等に伴う一時的な収入変動である旨の事業主の証明書を提出することで、同一被扶養者について原則として連続２回まで被扶養者の認定ができるという制度であります。

　51人以上の事業所であれば、年収が106万円以上になれば、基本的には、扶養から外れることになりますが、51人未満の事業所であれば、一時的に収入がアップしても、２年間扶養のままでいられるということは、51人未満の事業所で働く、被扶養者の労働者にとっては、大変ありがたい制度ではないでしょうか。

　一時的な理由とは、従業員が退社したとか、休職したとか、業務の受注が好調だったとか、突発的な大口案件により、事業所全体の業務量が増加した時であり、時間給を引き上げたとか、手当が新設されて恒常的に収入が増加したときは対象外となります。

　このように、社会保険の被扶養者として認定されるかどう

かが、令和6年10月からではありますが、51人以上の事業所かどうかで、適応が大きく変わります。

　図表7からもご理解できると思いますが、従業員数51人未満事業所で働く日本の労働者の比率は約6割であります。従って、日本の全体でこの扶養の認定を考えるならば、大半はまだ、年収130万円の壁が適用される状況ではないでしょうか。

　今後この、社会保険拡大の従業員の人数規模要件撤廃となれば、年収の壁の対象者は年収106万円の対象の方が、多数をしめてくるのではないでしょうか。

まとめ

　年収の壁である100万円、103万円、106万円、130万円、150万円、201万円の6つの壁には、それなりの社会保険と税からの視点による選択の違いがあります。このわかりにくい違いをしっかり理解しておくことが、年収の壁対策の重要なポイントの一つであります。

第2章

年収の壁の上限額から決める
逆算式賃金制度とは

1. 社会保険に加入しない雇用形態とは

　ここの節では、社会保険にどうしても加入したくないということであれば、どのような勤務雇用形態を選択するべきか考えてみたいと思います。雇用保険も含めた社会保険の加入の基準は下記の内容であります。

●雇用保険の加入条件

①　１週間の所定労働時間が20時間以上であること

②　31日以上引き続き雇用が見込まれること

の条件双方に該当する場合に、被保険者となります。

※　雇用保険料は、被保険者の賃金計算時、支給総額に雇用
　　保険料率を掛けて控除し計算。

●社会保険の加入条件

〔特定適用事業所〕（令和６年10月からは51人以上の事業所）

①　１週間の所定労働時間が20時間以上

②　賃金月額が8.8万円以上

③　２か月を超える雇用見込がある

④　学生でない

〔特定適用事業所以外〕

①　１週間の所定労働時間・１か月の所定労働日数　がともに一般労働者の４分の３以上のとき

　事業所により１週の労働時間、１か月の労働日数が異なりますので注意が必要。

52

雇用保険・社会保険加入の要件

雇用期間・労働時間労働条件	健康保険・厚生年金加入		雇用保険加入
	特定適用事業所	非特定適用事業所	
1週間の労働時間、1か月の労働日数が双方とも一般労働者の4分の3以上のとき	○	○	○
2か月以上の雇用が見込まれ、労働時間が週20時間以上30時間未満のとき	○	×（＊）	○
31日以上2か月未満の雇用が見込まれ、労働時間が週20時間以上30時間未満のとき	×	×（＊）	○

（＊）事業所の所定労働時間により週30時間未満でも加入しなければならない場合がある。

（賃金がいくらかということは加入要件には関係ありません）

　社会保険の保険料は月単位ですので、1日入社でも月末入社でも保険料は同じ1か月分となります。逆に退職月は末日まで在籍しないと発生しないことになります。

●社会保険に加入しない事例（51人未満の事業所のケース）

　例：1週40時間、1か月の労働日21日の事業所のケースでの勤務時間・勤務日数

　Q．雇用保険には加入するが、社会保険（健康保険、厚生

年金）に入らない働き方はどうするか。

A．まず社会保険に入らないためには

1週の労働時間の上限　40時間×3／4＝30時間

（週5日勤務なら1日6時間）未満か又は1か月の労働日数の上限として

21日×3／4＝15.75日　実務的には15日以内の勤務。

雇用保険の被保険者として加入する為には、週20時間以上なので週5日勤務の1日の時間の下限として

20時間÷5日＝4時間以上勤務となる。

1日8時間勤務の時の日数の下限としては

週20時間÷8時間＝2.5日勤務。

結果的には以下のパターンの働き方の選択になってきます。

①　毎日短時間勤務のケース

（1）　週5日勤務のとき

　　1日4時間〜5時間59分

（2）　1日短時間勤務のとき

　　毎日勤務

② 毎日8時間勤務で週3日勤務のケース

> (1) 週3日勤務のとき
>
> 　1日8時間
>
> (2) 1日8時間勤務のとき
>
> 　月12日～15日

　以上のように①か②の働き方を選択すれば、社会保険に加入しないで勤務できます。いかがでしょうか？　社会保険労務士として、実務をしているとそのほとんどが①のタイプのケースではないでしょうか。近年週休3日制といった働き方の会社もあるようですが、②の事例のように週休4日にすると社会保険は加入しなくてもよい働き方になってきます。

●社会保険に加入しない事例（51人以上の事業所のケース）

> 例：1週40時間、1か月の労働日21日の事業所のケース
> 　　での賃金

　Q．雇用保険には加入するが、社会保険（健康保険、厚生年金）に入らない働き方はどのような選択か？

　A．まず社会保険に入らないためには

① 1か月の賃金月額が88,000円以上にならないケース

> 通勤手当、家族手当などを除いて賃金月額
> 88,000円以下とする。
> 基本給87,000円 + 通勤手当10,000円で97,000円
> の事例のように、精皆勤手当、家族手当、通勤
> 手当などで88,000円以上はOKとなります。当
> 然時間外、休日労働、深夜労働に対して支払わ
> れる、割増賃金等により88,000円以上になるこ
> とは問題ありません。

② 週20時間未満勤務のケース

> 週19時間勤務で賃金月が90,000円で88,000円以
> 上となっても、週20時間以上、かつ88,000円以
> 上の賃金が社会保険加入基準なので該当しない
> ということになります。ただし、このケースで
> は雇用保険には加入できなくなります。また、
> 週20時間以上となっても賃金月額が88,000円未
> 満であればOKです。

　基本的には、51人以上の事業所では①か②の選択しかあり
ません。51人未満の事業所の基準からみると、働く勤務時間
が大幅に少なくなってくることがご理解できるのではないで
しょうか。

第2章　年収の壁の上限額から決める逆算式賃金制度とは

　基本的なベースは週20時間以上かつ賃金月額88,000円以上は働けないという、働き方の選択をしなければ、被扶養者として勤務できないということになってきます。

2. 扶養該当者でいるための逆算式のシンプルな賃金制度

> Ⅰ型扶養（51人未満事業所）
> Ⅱ型扶養（51人以上事業所）
> Ⅲ型扶養（社会保険未適事業所）

　扶養で働き続けるための働く職場としては、下記の３つの職場にわけて考えることができます。

● Ⅰ型扶養の職場　いわゆる社会保険の適用事業所で51人未満の事業所が対象
● Ⅱ型扶養の職場　いわゆる社会保険の適用事業所で51人以上の事業所が対象
● Ⅲ型扶養の職場　いわゆる以下の法人でない事業所で原則５人以下の従業員を雇用する事業所が対象

　（製造業、土木建築業、鉱業、電気ガス事業、運送業、清掃業、物品販売業、金融保険業、保管賃貸業、媒介周旋業、

57

集金案内広告業、教育研究調査業、医療保健業、通信報道業
など）

※社会保険の適用事業所の条件について

　法人の場合は、法人の種類や従業員の人数にかかわらず社
会保険適用事業所に該当します。合同会社や有限会社の場合
や、従業員が社長１人しかいない場合でも、社会保険に加入
する必要があります。

　逆に前述の業種に該当しない飲食店や接客業、美容室など
の事業を営む事業所は、法人化していなければ、たとえ常時
５人以上の従業員を雇い入れていても強制適用事業所に該当
しません。

　基本的には強制適用事業所に当てはまるのは、健康保険法
および厚生年金保険法に定められた業種と法人のみとなりま
す。

　ただし、社会保険適用の規模拡大の一つとして、宿泊業と
飲食業についても５人以上の従業員がいれば今後強制適用事
業所になってくるようです。

　以上のように、社会保険の扶養としての働き方の職場とし
ては前記の３つのパターンがあり、当然賃金の決め方も変
わってくることになってきます。

　このあたりのことをよく理解されていないケースが多いの
ではないでしょうか。

図表19　Ⅰ型扶養の逆算式賃金制度

時給単価からの逆算　　労働時間上限（週30時間未満）から逆算　　　　（1日8時間勤務、月21日勤務の会社のとき）

	賃金	上限賃金で何時間働けるか（労働時間の上限）	働ける勤務日数(1日4時間の時)	働ける勤務日数(1日5時間の時)	働ける勤務日数(1日5.5時間の時)	働ける勤務日数(1日8時間のとき)	労働時間の決定	月額賃金の決定	手当	合計賃金
時給(最低賃金)(全国平均)	1055円	102時間	25.5日	20.4日	18.5日	12.7日				
時給(最低賃金)(沖縄)	952円	113時間	28.2日	22.6日	20.5日	14.1日				
時給(最低賃金)(石川)	984円	110時間	27.5日	22日	20日	13.7日				
時給(最低賃金)(東京)	1163円	93時間	23.2日	18.6日	16.9日	11.6日				
あなたの会社の時給										

月給からの逆算　　賃金月額の上限（108,333円未満）から逆算

	賃金	上限賃金で何時間働けるか	1日4時間で 月21×4＝84時間とする	1日5時間で 月21×5＝105時間とする	1日5.5時間で 月21×5.5＝115.5時間とする	1日8時間で 月15×8＝120時間とする	労働時間の決定	月額賃金の決定	手当	合計賃金
月給	108,000円	1日4時間 84時間 / 1日5時間 105時間 / 1日5.5時間 115.5時間 / 1日8時間 120時間	1285円	1028円	935円	900円				
月給	100000円	1日4時間 84時間 / 1日5時間 105時間 / 1日5.5時間 115.5時間 / 1日8時間 120時間	1190円	952円	865円	833円				
月給	90000円	1日4時間 84時間 / 1日5時間 105時間 / 1日5.5時間 115.5時間 / 1日8時間 120時間	1071円	857円	779円	750円				
月給	80000円	1日4時間 84時間 / 1日5時間 105時間 / 1日5.5時間 115.5時間 / 1日8時間 120時間	952円	761円	692円	666円				
あなたの会社の月給		1日4時間 84時間 / 1日5時間 105時間 / 1日5.5時間 115.5時間 / 1日8時間 120時間								

氏名	基本給	手当	手当	月額賃金	賞与	年収
様　時給	円	円	円	円		円
月給	円	円	円	円		円

社会保険の壁 Ⅰ型事業所は原則手当含めて月額108,000円未満かオーバーしても年収130万未満

税務の壁　103万円150万円の壁、通勤手当は含めない

それでは最初に従業員51人未満の会社のⅠ型扶養の逆算式賃金制度について考えてみたいと思います。

　前頁の**図表19**を見ていただければ、理解できると思いますが、賃金決定の際に最初時給を決めていくか、月給を決めていくかで、賃金の決め方が相違してきます。

　Ⅰ型扶養は51人未満の事業所なので、扶養の基準は、年収130万円未満、週の労働時間が正社員の４分３未満の条件が原則でありますが、この基準を逆にとらえて、この基準を上限として逆算して賃金を決定できるのではないかと考えたのが、この**図表19**にある、逆算式賃金制度であります。

　この逆算の上限基準を労働時間上限週30時間未満、賃金上限を130万円÷12＝108,333円未満という基準から逆算して賃金を決定するという考え方であります。この上限基準を上限ベースに考えれば、扶養で働く方の賃金は悩まずに、決定できるのではないでしょうか。

　具体的に**図表19**をみていただきたいと思います。時給単価からの逆算には、東京、石川、沖縄の令和６年度の最低賃金と全国平均の時給単価1,055円のときの、１日４時間、５時間、5.5時間、８時間のとき働ける労働日数を計算してみました。例えば、東京で時給1,163円であれば、１日勤務時間４時間であれば23.2日間、5.5時間であれば16.9日間まで働けることがわかります。このことで、あなたは１日５時間勤務で月18.6日勤務の労働条件となりますが、いかがでしょう

60

かと、被扶養対象者の賃金と労働条件は比較的簡単に決める
ことが可能となります。このような考え方であなたの会社の
時給を逆算式に考えていけば労働条件は悩まずに決定できる
ことになります。

　次に、月給からの逆算式では、賃金の上限額から逆に働け
る労働条件を決めていくという考え方です。逆算していく
と、この月給では時給単価がいくらの価格になるか計算でき
ますので、最低賃金とのバランスを考えてこの月給では、週
何日まで働けるかが明確にわかります。

　具体的にみていくと月給10万円では、1日5時間勤務では
時給952円となり、東京では、最低賃金違反となり、働かせ
ることはできないことになります。このケースでは1日4時
間勤務では時給単価1,190円となるので、東京では月給10万
円では1日4時間勤務なら雇用できるということになりま
す。厳密に計算すれば84.03時間が限度となりますが、わか
りやすく理解するため1日4時間、5時間、5.5時間と表示
してあります、また正社員と同じ1日8時間勤務してもらう
ときは1か月の労働日数の4分3未満の15日間では時給単価
833円となり、15日間は働けないということがわかります。

　このように、被扶養者の賃金は、上限労働時間、上限賃金
を基準に逆算して考えれば、悩まずに決定できることになる
のではないでしょうか。

　この事例のように、この表にそって、時給から、働ける時

●逆算式賃金制度の基本的な考え方

年収の壁103万・106万・130万・150万を時給単価で除して、総労働時間上限を算出
算出された総労働時間を勤務可能労働日数で除して、1日の所定労働時間を算出

年収の壁 月収	÷	時給単価	=	総労働時間上限
万		円		時間

労働時間 上限	÷	勤務可能労 働日数	=	所定労働時間
時間		日		時間

提案賃金

時給単価		週所定労働 時間		週所定勤務日数
円		時間		日

手当		手当		月収
万		万		万

賞与		年収
万		万

間を逆算して決めるか、月給から最低賃金と比較して、働け
る時間を決めていくといった2つのパターンで賃金額と働
ける勤務日数が導きだされてくることになってきます。

　以上の考え方をまとめると上記のような考え方になります。

　Ⅱ型扶養の逆算式賃金制度は、従業員51人以上（令和6年
10月以降）の事業所が対象となります。Ⅱ型の時は原則週20

62

時間未満、上限賃金88,000円未満が上限基準となります。

図表20を見ていただきたいと思います。

東京のケースでは、毎日3時間50分の勤務で、19.5日間まで勤務できるので、この毎日の勤務時間で雇用できることになります。このケースでは週20時間未満なので月額賃金は88,000円を超えることがあっても、被扶養者として存続できます。

ただし、週20時間未満なので、雇用保険には加入できないことになります。雇用保険には加入して、被扶養者として勤務するためには、図表20の賃金月額87,000円のケースでいけば、1日4時間勤務で、月21日間で月間84時間の勤務を選択するかであります。このケースでは、逆算すると87,000÷84＝1,035ということで、時給単価が1,035円となり、東京では最低賃金以下になり、雇用保険に加入してかつ、被扶養者としての勤務は難しいという実態が見えて来ます。

図表20の働ける勤務日数（1日4時間）の表をみていただければ沖縄の最低賃金952円とか石川の最低賃金984円では、月額87,000円か80,000円でギリギリ、雇用保険に加入して被扶養者として存続できるというのが現状かと思われます。

最低賃金が今後毎年上昇していく中で、雇用保険に加入して、被扶養者して働き続けることは、図表20をみていただければほとんどの地域で最低賃金の関係で難しいということがご理解いただけるのではないでしょうか。

63

図表20　Ⅱ型扶養の逆算式賃金制度

時給単価からの逆算　　　　労働時間上限（週20時間以内）から逆算　　　　(1日8時間勤務、月21日勤務の会社のとき)

	賃金	上限賃金で何時間働けるか（労働時間の上限）	働ける勤務日数（1日4:00時間の時）	働ける勤務日数（1日3:50時間の時）	働ける勤務日数（1日3:30時間の時）	働ける勤務日数（1日3時間の時）	働ける勤務日数（1日8時間のとき）	労働時間の決定	月額賃金の決定	手当	合計賃金
時給（最低賃金 全国平均）	1055円	83時間	20.7日	21.6日	23.7日	27.6日	10.3日				
時給（最低賃金 沖縄）	952円	92時間	23日	24.0日	26.2日	30.6日	11.5日				
時給（最低賃金 石川）	984円	89時間	22.2日	23.2日	25.4日	29.6日	11.1日				
時給（最低賃金 東京）	1163円	75時間	18.7日	19.5日	21.4日	25日	9.3日				
あなたの会社の時給											

月給からの逆算　　　　賃金月額の上限（88,000円未満）から逆算

	賃金	上限賃金で何時間働けるか	1日4:00時間で 月21×4:00=84時間とする	1日3:50時間で 月21×3:50=80.4時間とする	1日3:30時間で 月21×3.5=73.5時間とする	1日3時間で 月21×3=63時間とする	1日8時間で 月9×8=72時間とする	労働時間の決定	月額賃金の決定	手当	合計賃金
月給	87,000円	1日3:50時間 80.4時間／1日3:30時間 73.5時間／1日3時間 63時間／1日8時間 72時間	1035円	1082円	1183円	1380円	1208円				
月給	80,000円	1日3:50時間 80.4時間／1日3:30時間 73.5時間／1日3時間 63時間／1日8時間 72時間	952円	995円	1088円	1269円	1111円				
月給	70,000円	1日3:50時間 80.4時間／1日3:30時間 73.5時間／1日3時間 63時間／1日8時間 72時間	833円	870円	952円	1111円	972円				
月給	60,000円	1日3:50時間 80.4時間／1日3:30時間 73.5時間／1日3時間 63時間／1日8時間 72時間	714円	746円	816円	952円	833円				
あなたの会社の月給		1日3:50時間 80.4時間／1日3:30時間 73.5時間／1日3時間 63時間／1日8時間 72時間									

氏名	基本給	手当	手当	手当	月額賃金	賞与	年収
様　時給	円	円	円	円	円	円	円
月給	円	円	円	円	円	円	円

社会保険のⅡ型事業所は原則通勤手当、家族手当、残業手当含めないで月額88,000円未満、賞与は含めない。

税務の壁　103万円150万円の壁、通勤手当は含めない

第2章　年収の壁の上限額から決める逆算式賃金制度とは

　逆に言うならば、被扶養者として勤務するには、賃金上限88,000円未満か、週20時間未満の勤務形態でのどちらかが未達の選択か両方とも未達の選択をしなければならないということになるのではないでしょうか。

　従って、Ⅱ型扶養のケースでは、雇用保険に加入して被扶養者として働くことは、最低賃金の上昇とともに、今後非常に難しいということがご理解できると思います。

　今後Ⅱ型扶養では、基本的には雇用保険に加入する雇用契約では、原則社会保険にも加入しなければならない状況になっていくということができるのではないでしょうか。

　このように、Ⅰ型とⅡ型扶養では雇用保険加入がともなうかどうかという面で、被扶養者としての在り方が大きく異なってきます。2028年からは週10時間以上が雇用保険の加入基準になるようですが、その時は、Ⅱ型被扶養者のケースでも雇用保険加入で、被扶養者としての勤務は可能になってくるのではないかと思われます。

　図表21をみていただきたいと思います。このⅢ型の扶養のケースでは、法人の事業所でない、原則５人未満の個人事業所に勤務している、従業員が対象となります。

　このケースの特徴としては、年収130万円を越えると、被扶養者ではなくなり、事業者が適用事業所でないため、市町村の国民健康保険に加入しなければならないというグループになってきます。

65

図表21　Ⅲ型扶養の逆算式賃金制度

時給単価からの逆算　　労働時間上限（週30時間未満）から逆算　　　　　　　　　　　（1日8時間勤務、月21日勤務の会社のとき）

	賃金	上限賃金で何時間働けるか（労働時間の上限）	働ける勤務日数（1日4時間の時）	働ける勤務日数（1日5時間の時）	働ける勤務日数（1日5.5時間の時）	働ける勤務日数（1日8時間のとき）	労働時間の決定	月額賃金の決定	手当	合計賃金
時給（最低賃金）（全国平均）	1055円	102時間	25.5日	20.4日	18.5日	12.7日				
時給（最低賃金）（沖縄）	952円	113時間	28.2日	22.6日	20.5日	14.1日				
時給（最低賃金）（石川）	984円	110時間	27.5日	22日	20日	13.7日				
時給（最低賃金）（東京）	1163円	93時間	23.2日	18.6日	16.9日	11.6日				
あなたの会社の時給										

月給からの逆算　　賃金月額の上限（108,333円未満）から逆算

	賃金	上限賃金で何時間働けるか	1日4時間で月21×4＝84時間とする	1日5時間で月21×5＝105時間とする	1日5.5時間で月21×5.5＝115.5時間とする	1日8時間で月15×8＝120時間とする	労働時間の決定	月額賃金の決定	手当	合計賃金
月給	108,000円	1日4時間　84時間／1日5時間　105時間／1日5.5時間　115.5時間／1日8時間　120時間	1285円	1028円	935円	900円				
月給	100000円	1日4時間　84時間／1日5時間　105時間／1日5.5時間　115.5時間／1日8時間　120時間	1190円	952円	865円	833円				
月給	90000円	1日4時間　84時間／1日5時間　105時間／1日5.5時間　115.5時間／1日8時間　120時間	1071円	857円	779円	750円				
月給	80000円	1日4時間　84時間／1日5時間　105時間／1日5.5時間　115.5時間／1日8時間　120時間	952円	761円	692円	666円				
あなたの会社の月給		1日4時間　84時間／1日5時間　105時間／1日5.5時間　115.5時間／1日8時間　120時間								

氏名	基本給	手当	手当	月額賃金	賞与	年収
様　時給	円	円	円	円	円	円
月給	円	円	円	円	円	円

社会保険の壁Ⅲ型事業所は原則手当含めて年収130万未満

税務の壁　103万円150万円の壁、通勤手当は含めない

第2章　年収の壁の上限額から決める逆算式賃金制度とは

　図表21はⅠ型扶養と同じでありますが、勤務時間が正社員の4分3を以上となっても、社会保険に加入するとかいうことはなく、基本的は年収130万円未満の賃金月額108,333円未満の壁をクリアーすれば被扶養者として勤務できるグループになります。雇用保険は従業員を雇用する事業所は加入義務がありますので、週20時間以上勤務していていれば当然加入しなければなりません。

　ただし、年齢が75歳以上のときは、原則すべての国民は後期高齢者医療に移行するため、健康保険の扶養としては存続できなくなります。

　また、Ⅰ型と同様Ⅲ型も48頁で記載したように、2年間の猶予措置の対象事業者になるため、被扶養者として勤務するにはⅠ型以上に働きやすいグループであるかもしれません。

　従って、**図表21**にあるように、労働時間の1日4時間とかの限度時間を超えたとしても、年収が130万円を越えなければ被扶養者として勤務できるグループといえるのではないでしょうか。

　また、以上のような逆算式賃金制度で決めた内容は、134〜135頁のサンプル契約書のようにしっかり定めておくことが今後のトラブル防止のためにも、年収の壁該当者などにとっては非常に重要な取組みではないでしょうか。ご参考にしていただきたいと思います。

67

3. 逆算式の賃金制度は、一般社員の賃金制度とは基本的に異なる

　前節で逆算式賃金制度について、詳細にみてきましたが、根本的に賃金制度の考え方が、一般の従業員とは異なってくるということであります。

●一般的な賃金制度の考え方

① 等級制度　従業員の仕事レベル（能力、職務、役割など）を明示し、従業員の格付けをするための制度

② 評価制度　一定期間の仕事ぶり（成果、発揮能力、取組み姿勢など）をチェックするための制度

③ 報酬制度　給与、賞与制度で、従業員の貢献に応じて人件費を配分するための制度

　以上の３つのポイントから一般的な賃金制度が出来上がってきているのではないでしょうか。

　以上の３つの考え方は、この本で説明してきた被扶養者の考え方の傾向とは大きく相違しているのがよく理解できると思います。

　①の等級制度をまず考えてみましょう。被扶養者で働く、パート・アルバイトさんなどは、そのほとんどが時給で雇用されており、時給単価も年収が130万円以上にならないようにしているので、時給単価もおのずと上限があります。

　このため等級区分はおのずと一定の基準の範囲内に収まる

ことになり、被扶養者から、正社員となって働くといった方でないとこの等級制度そのものはあまり意味をもたない制度となってしまいます。

②の評価制度は成果、発揮能力など実績を残しても、賃金に反映しにくい職種のため、被扶養者で働くパート・アルバイトさんなどには、①同様制度そのものはあまり意味をもたない制度であると言わざるを得ないと思います。

③の報酬制度については、被扶養者として勤務するということであれば、年収の壁以上勤務できないので、この報酬制度も①②同様あまり意味をもたない制度であると言わざるを得ないのではないでしょうか。

以上のように、被扶養者で働くことを希望する、パートさんなどは、一般的な会社の人事賃金制度とは異なり、事業所のⅠ型扶養、Ⅱ型扶養、Ⅲ型扶養など、事業所の大小の規模には関係のない職種であり、独自の賃金制度や人事制度で対応しなければ対応できないグループといえるのではないでしょうか。

4. 年収の壁対象者は逆算式から基本給、手当の設定工夫が必要では

前節で、３つのタイプの逆算式賃金制度を記載してきましたが、いずれのタイプも上限が年収130万円とか月額88,000

69

円とかがあり、逆算すれば、必然的に時給単価、月額給与が導きだされることになります。基本給の時給や月額が決まったならば、手当をどのように設定するかになってきます。

　Ⅰ型扶養、Ⅲ型扶養では月額108,333円、年収130万未満という基準でありますが、Ⅱ型では除かれている、家族手当、通勤手当などの手当を含めての上限になってきます。

　従って、最終的に賃金を決定するに当たっては、通勤手当が仮に１万円であれば、Ⅱ型のケースではその分月額賃金からマイナスし、Ⅰ型やⅢ型では逆に含めるといった設定にしないと手当分でⅠ型やⅢ型では基準額をオーバーしてしまい被扶養者としての資格は失われてしまうこともあります。

　また、いくらか賞与を支給する時は、年収上限を考えたうえでその分もマイナスした時給、賃金月額に設定する必要がでてくることもあるのではないでしょうか。

　逆にⅡ型扶養では、通勤手当、家族手当などは、賃金月額から除いて計算しますので、月額87,000円、通勤手当10,000で合計97,000円と88,000円をオーバーしても被扶養者の資格は存続となります。

　このように、Ⅱ型は手当の取扱いに大きな違いがあります。ただし、手当と言っても限定された手当のみであります。残業代は、手当の額に含めないというのは、Ⅰ型、Ⅲ型の基準からみれば、賃金、手当の決め方には、変動リスクの少ない賃金の決め方になってくるのではないでしょうか。

下記のような賃金の内容でも OK です。

基本給87,000円＋家族手当10,000円＋通勤手当10,000円＋
残業手当10,000円＝117,000円のようなケースでも年収の上限
130万円未満はありますが、OK です。

　ただし、固定残業代としての手当は対象外であります。

　いかがでしょうか。Ⅱ型は、Ⅰ型、Ⅲ型にはない、手当の
決め方に工夫をこらした、賃金の決め方ができるというのも
Ⅱ型の特徴の一つではないでしょうか。

　また、この年収の壁対象者の賃金は最低賃金に抵触しない
ように賃金を決めることも重要であります。直近で発表され
た令和6年度の全国の最低賃金の内訳は**図表22**の通りです。

　2024年度は各都道府県で50円から84円引き上げられ、951
円の地域から東京の1,163円までの最低賃金となりました。
過去最高の全国平均で昨年から51円アップの1,055円となり
ました。政府は一刻も早く全国平均1,500円の達成を目指し
ているようです。

5. 視点が複雑に交差して扶養で働くことの意味がわかりにくい

　ここまで、扶養で働くことのメリットやその条件である、
賃金制度などを詳細に見てきました。改めて複雑な制度であ
ることをご理解していただけたのではないでしょうか。

71

図表22

令和6年度 地域別最低賃金 答申状況

都道府県名	ランク	目安額	答申された改定額【円】（※1）	引上げ額【円】	目安差額	発効予定年月日（※2）
北海道	B	50	1010　（ 960 ）	50	±0	2024年 10月1日
青　森	C	50	953　（ 898 ）	55	+5	2024年 10月5日
岩　手	C	50	952　（ 893 ）	59	+9	2024年 10月27日
宮　城	B	50	973　（ 923 ）	50	±0	2024年 10月1日
秋　田	C	50	951　（ 897 ）	54	+4	2024年 10月1日
山　形	C	50	955　（ 900 ）	55	+5	2024年 10月19日
福　島	B	50	955　（ 900 ）	55	+5	2024年 10月5日
茨　城	B	50	1005　（ 953 ）	52	+2	2024年 10月1日
栃　木	B	50	1004　（ 954 ）	50	±0	2024年 10月1日
群　馬	B	50	985　（ 935 ）	50	±0	2024年 10月4日
埼　玉	A	50	1078　（ 1028 ）	50	±0	2024年 10月1日
千　葉	A	50	1076　（ 1026 ）	50	±0	2024年 10月1日
東　京	A	50	1163　（ 1113 ）	50	±0	2024年 10月1日
神奈川	A	50	1162　（ 1112 ）	50	±0	2024年 10月1日
新　潟	B	50	985　（ 931 ）	54	+4	2024年 10月1日
富　山	B	50	998　（ 948 ）	50	±0	2024年 10月1日
石　川	B	50	984　（ 933 ）	51	+1	2024年 10月5日
福　井	B	50	984　（ 931 ）	53	+3	2024年 10月5日
山　梨	B	50	988　（ 938 ）	50	±0	2024年 10月1日
長　野	B	50	998　（ 948 ）	50	±0	2024年 10月1日
岐　阜	B	50	1001　（ 950 ）	51	+1	2024年 10月1日
静　岡	B	50	1034　（ 984 ）	50	±0	2024年 10月1日
愛　知	A	50	1077　（ 1027 ）	50	±0	2024年 10月1日
三　重	B	50	1023　（ 973 ）	50	±0	2024年 10月1日
滋　賀	B	50	1017　（ 967 ）	50	±0	2024年 10月1日
京　都	B	50	1058　（ 1008 ）	50	±0	2024年 10月1日
大　阪	A	50	1114　（ 1064 ）	50	±0	2024年 10月1日
兵　庫	B	50	1052　（ 1001 ）	51	+1	2024年 10月1日
奈　良	B	50	986　（ 936 ）	50	±0	2024年 10月1日
和歌山	B	50	980　（ 929 ）	51	+1	2024年 10月1日
鳥　取	C	50	957　（ 900 ）	57	+7	2024年 10月5日
島　根	C	50	962　（ 904 ）	58	+8	2024年 10月12日
岡　山	B	50	982　（ 932 ）	50	±0	2024年 10月1日
広　島	B	50	1020　（ 970 ）	50	±0	2024年 10月1日
山　口	B	50	979　（ 928 ）	51	+1	2024年 10月1日
徳　島	B	50	980　（ 896 ）	84	+34	2024年 11月1日
香　川	B	50	970　（ 918 ）	52	+2	2024年 10月2日
愛　媛	B	50	956　（ 897 ）	59	+9	2024年 10月13日
高　知	C	50	952　（ 897 ）	55	+5	2024年 10月9日
福　岡	B	50	992　（ 941 ）	51	+1	2024年 10月5日
佐　賀	C	50	956　（ 900 ）	56	+6	2024年 10月17日
長　崎	C	50	953　（ 898 ）	55	+5	2024年 10月12日
熊　本	C	50	952　（ 898 ）	54	+4	2024年 10月5日
大　分	C	50	954　（ 899 ）	55	+5	2024年 10月5日
宮　崎	C	50	952　（ 897 ）	55	+5	2024年 10月5日
鹿児島	C	50	953　（ 897 ）	56	+6	2024年 10月5日
沖　縄	C	50	952　（ 896 ）	56	+6	2024年 10月9日
全国加重平均			1055　（ 1004 ）	51	+1	－

※1　括弧内の数字は改定前の地域別最低賃金額
※2　効力発生日は、答申公示後の異議の申出の状況等により変更となる可能性有

第２章　年収の壁の上限額から決める逆算式賃金制度とは

図表23

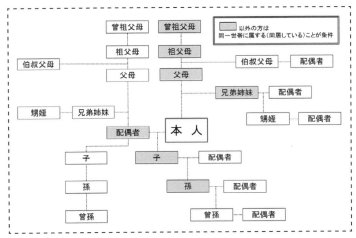

全国健康保険協会HPより

　ポイントは社会保険の扶養と税法上の扶養が入り組んでいることで、これが複雑さの大きな原因のひとつであると思います。

　これまで扶養で働くこのとの意味合いは、保険料とか、税金とかお金のメリットを考えての選択でありましたが、子供さんの関係でどうしても、長時間勤務できないとか、障害者であるためどうしても短時間勤務しかできないといった、事情の方も多いのではないかと思います。

　改めて社会保険の扶養を整理すると**図表23**であります。

●社会保険の扶養の定義

〔被扶養者の範囲〕

1. 被保険者の直系尊属、配偶者（事実上婚姻関係と同様の
人を含む）、子、孫、兄弟姉妹で、主として被保険者に生
計を維持されている人

※これらの方は、必ずしも同居している必要はありません。

2. 被保険者と同一の世帯で主として被保険者の収入により
生計を維持されている次の人

※「同一の世帯」とは、同居して家計を共にしている状態
をいいます。

① 被保険者の三親等以内の親族（1.に該当する人を
除く）

② 被保険者の配偶者で、戸籍上婚姻の届出はしていな
いが事実上婚姻関係と同様の人の父母および子

③ ②の配偶者が亡くなった後における父母および子

※ただし、後期高齢者医療制度の被保険者等である人
は、除きます。

イメージがつきましたたでしょうか。同居要件にも注意し
たいところです。また、被扶養者には、被保険者の配偶者で
あるパートさんで働いている方だけでなく、子供さんや父母
なども、基準に該当すれば被扶養者になれるということも、
ご理解いただきたいと思います。

●税法上の扶養の定義

〔扶養親族に該当する人の範囲〕

　扶養親族とは、その年の12月31日（納税者が年の中途で死亡しまたは出国する場合は、その死亡または出国の時）の現況で、次の４つの要件のすべてに当てはまる人です。

（注）出国とは、納税管理人の届出をしないで国内に住所および居所を有しないこととなることをいいます。

１．配偶者以外の親族（６親等内の血族および３親等内の姻族をいいます）または都道府県知事から養育を委託された児童（いわゆる里子）や市町村長から養護を委託された老人であること。

２．納税者と生計を一にしていること。

３．年間の合計所得金額が48万円以下（令和元年分以前は38万円以下）であること。

　（給与のみの場合は給与収入が103万円以下）

４．青色申告者の事業専従者としてその年を通じて一度も給与の支払を受けていないことまたは白色申告者の事業専従者でないこと。

〔控除対象扶養親族に該当する人の範囲〕

　控除対象扶養親族とは、扶養親族のうち、その年12月31日現在の年齢が16歳以上の人をいいます。

　ただし、令和５年分以後の所得税においては、非居住者である扶養親族については、次に掲げるいずれかに該当する人

に限り、控除対象扶養親族に該当します。

1. その年12月31日現在の年齢が16歳以上30歳未満の人
2. その年12月31日現在の年齢が70歳以上の人
3. その年12月31日現在の年齢が30歳以上70歳未満の人で
   あって次に掲げるいずれかに該当する人
   イ　留学により国内に住所および居所を有しなくなった人
   ロ　障害者である人
   ハ　納税者からその年において生活費または教育費に充て
   　るための支払を38万円以上受けている人

　いかがでしょうか。税法上の扶養イメージ整理できました
でしょうか。

6. 子供が大きくなり、扶養に該当しなくなった時は、その会社の賃金制度を適用

　扶養で働くことの意義は基本的には大半のパートさんは、
子供さんが小さいといった6歳ころまでの方が大半ではない
かと思います。

　しかし、子供さんが小学校入学又は中学を卒業したあたり
から、子育ての大変さ、手のかかる時間が、徐々に減少して
いくのではないでしょうか。

　十分働ける環境と昨今の人手不足を考えるならば、年収の
壁を越えて働くというニーズは、子育てが楽になってくれ

ば、今後拡大していくのではないでしょうか。

　年収の壁を越えて働きたいとなったパートさんについては、本来の御社の賃金制度のレールに乗せて対応すれば、問題なくいけるのではないでしょうか。また、新しい人を新しく雇用するよりは、従来からいる、パートさんを正社員に転換して雇用していくほうが、会社も経営面からもベストではないかと思います。

まとめ

　社会保険加入は勤務先の事業所の規模などにより、大きく３つのグループにわかれます。この３つのグループごとに年収の壁を選択したときの、賃金制度として、逆算式賃金制度の考え方は大変シンプルでわかりやすい、賃金の決め方の１つの方法ではないでしょうか。

第3章

税法と社会保険の
壁を超えるケースと
超えないケースの違い

1. 社会保険に加入するか加入しないかで将来の年金にどう影響するか

　この節では、**図表14**のＤタイプ、Ｆタイプ、Ｈタイプにおける社会保険に加入した時の、将来の年金受給の影響について考えてみたいと思います。そもそも、夫が厚生年金加入でその被扶養者としての立場であれば、原則として年金は第３号被保険者として、国民年金の加入となります。しかも本来は、納付されるべき毎月の保険料である、16,980円は免除ということになります。

　従って、国民年金の保険料は支払っていませんが、納付されたものとして計算されます。

　この、被扶養者としての立場から、社会保険加入となりますと厚生年金加入の第２号被保険者となります。この第２号被保険者となることによって、将来の年金が、国民年金部分より、会社での賃金実績に基づいて計算された分、多くもらえることになってきます。

　ザックリですが**図表24**のようになります。

〈老齢基礎年金の年金額の計算方法〉

816,000円×（保険料納付月数＋保険料免除等月数の合計）／（加入可能年数×12）但し昭和21年４月２日以後生まれの方

第3章　税法と社会保険の壁を超えるケースと超えないケースの違い

図表24　社会保険加入における年金年額の比較

加入月数	厚生年金部分			国民年金部分
	D型 88333円	F型 108333円	H型 167500円	
1月	482	602	931	1,700
1年	5,787	7,234	11,181	20,400
10年	57,879	72,349	111,812	204,000
20年	115,758	144,698	223,624	408,000
30年	173,638	217,047	335,437	612,000
40年	231,517	289,396	447,249	816,000

（令和6年4月時点の1月分を加入月数で単純に計算したもの）

〈老齢厚生年金の報酬比例部分の額の計算方法〉

$$平均標準報酬額 \times \frac{5.481}{1,000} \times 加入期間の月数$$

（平成15年4月以降）

　図表24は加入年数における65歳からの、老齢厚生年金の増加額です。社会保険に加入していなければ、国民年金部分である老齢基礎年金だけの受給となってしまいます。

　F型で仮に10年間し加入し、国民年金も同じ10年しか加入していなければ、65歳からは老齢基礎年金204,000円と老齢厚生年金の72,349円の合計276,349円の年金年額となります。40年間F型で加入したとすると、老齢基礎年金816,000円と老齢厚生年金289,396円の合計1,105,396円の年金年額となります。

図表25　社会保険加入による年金増額

平均寿命男性81歳、女性87歳まの受給額　　　　　　　　　　　（円）

		10年加入	20年加入	30年加入	40年加入
D 型	男性	926,064	1,852,128	2,778,208	3,704,272
	女性	1,273,338	2,546,676	3,820,036	5,093,374
F 型	男性	1,157,584	2,315,168	3,472,752	4,630,336
	女性	1,591,678	3,183,356	4,775,034	6,366,712
H 型	男性	1,788,992	3,577,984	5,366,992	7,155,948
	女性	2,459,864	4,919,728	7,379,614	9,839,478

　以上が毎年の年金額の影響ですが、令和４年簡易生命表にある男性の平均寿命81.05歳、女性の平均寿命87.09歳まで、年金を受給し続けた場合の社会保険加入による累計年金額を**図表25**に表示しました。

　女性であれば、Ｄ型、Ｆ型、Ｈ型で40年社会保険に加入したとすると、87歳までの平均寿命までの年金総額が約５百万、約６百万、約１千万とより多く受給することができます。

　平均寿命は毎年伸びていますので、社会保険加入による年金額の増加の影響はますます拡大していくことになります。

　また、Ｄ型、Ｆ型、Ｈ型の厚生年金保険料が仮に、現在の金額で40年間納付すると、男性のケースではＤ型で約370万円、Ｆ型で約463万円、Ｈ型で約715万円になります。

第3章　税法と社会保険の壁を超えるケースと超えないケースの違い

　以上のように、年金の将来の年金受給額を前提に考えていくと、扶養の範囲内で働くよりは明らかに有利ではないでしょうか。しかも、厚生年金の保険料は会社が半分負担してくれているとういこともしっかり理解したいところです。

2. 税金における社会保険に加入するか否かでの違い

　この節では、税金という視点から、社会保険に加入したケースと加入しなかったケースを考えてみたいと思います。

　税法上の扶養になるとどういうメリットがあるかですが、基本的には下記のような扶養控除が受けられてその結果、税金が少なくなってくるということではないかと思います。

　税金の視点で考えるならば、社会保険に加入するかしないかでの違いは、パート・アルバイトさん自身の所得税の視点と、配偶者である夫の所得税にどのような影響が出てくるかを考えなければならないと思います。

　パート・アルバイトさん自身の所得税は103万円の年収の壁を超えると所得税が発生してきます。**図表13**にあるように課税される所得金額によると、課税所得1,949,000円までは、税率５％であります。従ってパートで働くほとんどの方は、所得税の税率は５％ではないでしょうか。従って103万円を超えたら、超えた分の５％が所得税と考えれば、イメージで

83

図表26　配偶者控除の金額

控除を受ける納税者本人の合計所得金額	控除額	
	一般の控除対象配偶者	老人控除対象配偶者
900万円以下	38万円	48万円
900万円超950万円以下	26万円	32万円
950万円超1,000万円以下	13万円	16万円

きるのではないでしょうか。社会保険料は課税所得から除かれるので、Ｄ型タイプであれば年間約15万円は収入から引いて計算できます。社会保険料15万円であれば150,000×0.05＝7,500円の所得税が少なくなってきます。

　このように、社会保険加入か否かでは、パート・アルバイトさん自身の所得税にはそれほど多くの影響はないということができるのではないでしょうか。

　所得税に一番影響を与えるのが、被扶養者の夫である配偶者の所得税であります。

　図表26にありますように、配偶者控除には年収103万円までの配偶者控除と103万円を超えて201万円までの配偶者特別控除の２種類あります。その具体的な納税者本人の控除額は**図表26**と**図表27**となります。

　これらの図表を見ていただければ、結局のところ、扶養で働くか社会保険加入して働くかの違いは、配偶者自身の所得税からみるとそれほど影響がなく、配偶者自身の所得がいわゆる年収の壁である150万円を超えるか、201万円を超えるか

84

第3章　税法と社会保険の壁を超えるケースと超えないケースの違い

図表27　配偶者特別控除の金額

		控除を受ける納税者本人の合計所得金額		
		900万円以下	900万円超 950万円以下	950万円超 1,000万円以下
配偶者の合計所得金額	48万円超95万円以下	38万円	26万円	13万円
	95万円超100万円以下	36万円	24万円	12万円
	100万円超105万円以下	31万円	21万円	11万円
	105万円超110万円以下	26万円	18万円	9万円
	110万円超115万円以下	21万円	14万円	7万円
	115万円超120万円以下	16万円	11万円	6万円
	120万円超125万円以下	11万円	8万円	4万円
	125万円超130万円以下	6万円	4万円	2万円
	130万円超133万円以下	3万円	2万円	1万円

で夫の所得税が大きく影響してくるわけであります。

　被扶養者の収入が103万円までは配偶者控除38万円、103万円を超えて150万円までは配偶者特別控除38万円の控除が受けられ、150万円を超えて201万円までは**図表27**のように、控除額が徐々に減少して、最終的に201万円を超えると、控除は受けられないということであります。従って、配偶者である夫の課税所得が、1,950,000円から3,299,000円までの所得であれば所得税率が10％なので、所得税の減税としては38万円×10％の38,000円減税の対象になるかどうかであります。

　このように、税金の視点で考えてみると、扶養者になるかどうか、社会保険に加入するかどうかよりは、基本的には

85

パート・アルバイトさんの所得金額によって配偶者である夫の税金が変わってくるということを理解していただけたでしょうか。

　ただし、配偶者の会社の賃金規定に家族手当がありその金額とその手当の支給条件は企業ごとに相違してくるので確認してみる必要あると思います。

　例えば社会保険の被扶養者を家族手当の支給対象としていたり、または税法の扶養対象者を家族手当の支給対象としていたりで各社相違してきます。家族手当が仮に1万円とすれば年間で12万円10年間で120万円も違ってしまいます。

　この金額は結構大きいので、この家族手当などから、被扶養者で働きたいという希望は、実務的にも多いのが現実であります。

3. 高齢者のケースでは年収の壁はどのような相違があるのか

　高齢者の年収の壁について考えてみたいと思います。

　健康保険では、基本的に130万円が、年収の壁でしたが、60歳以上又は一定の障害のある方は180万円がいわゆる年収の壁となります。このように、高齢者などは被扶養者の収入が180万円まで扶養になれるということであります。

　これは、年金受給者の父とか母を扶養に入れるときは、年

86

金の収入等もあるので、50万円扶養認定の基準が引き上げられているのではないかと思われます。

　ただし、60代前半で年金を受給していない条件で、180万円の1/12で月額15万円前後の勤務条件で勤務したとすると、基本的には勤務時間等の社会保険加入基準で、社会保険加入の対象となってしまうのではないかと思います。

　従って高齢者で被扶養者になれるケースは働いていたとしても年収130万円前後ではないでしょうか。

　また、高齢者のケースでは、健康保険の加入は75歳まででそれ以降は後期高齢者医療制度に移行しますし、厚生年金も70歳までしか加入できなくなってきます。従って75歳以降は、原則として、すべての国民が後期高齢者医療制度に移行していきます。その結果健康保険の扶養制度に該当しなくなってきます。逆に考えると、75歳以上で働くときは、何時間働いても社会保険の加入もないし、扶養に入る入らないといった考え方も必要なくなります。

4. 最低賃金の引き上げにより扶養で働き続けるならば勤務時間が短くなる

　最低賃金は、都道府県ごとに定められている「地域別最低賃金」と、特定の産業ごとに定められている「特定最低賃金」の2種類あることはご存知だと思います。読者の皆さん

が「最低賃金」と聞いてイメージするのは、「地域別最低賃金」ではないでしょうか。「地域別最低賃金」は、2024年10月以降**図表22**にあるように全国平均で1,055円（時間額）になりました。

　日本ではバブル崩壊以降、物価が下がり、デフレによって賃金が上昇しない状況が長く続いてきましたが、2022年からの物価上昇・インフレを受け、2023年は春闘において「５％程度」の高い賃上げが要求されました。その結果最低賃金も過去最高となり、約30年ぶりに高い賃上げが実現しています。2024年も前年の流れを受け、さらなる過去最高の賃上げがなされました。

　図表22は、令和６年の地域別最低賃金であります。

　令和６年度は全国で16都道府県が１千円を突破しております。このペースでいけば、数年後にはほとんどの県が1,000円を突破していくのではないかと思われます。この本の年収の壁をテーマにした働き方を考えていくと、この最低賃金の引き上げは、年収の壁をこえないようにギリギリ働いている、パート・アルバイトさんなどにとっては、時給のアップ分勤務時間を減少させないといけないといった現象がおきてきます。私の顧問先のコンビニの社長さんは、時給がアップすると、103万円の年収の壁を越えてしまうので、勤務時間を短くしてくださいとパートさんから言われたとのことで、頭を抱えておりました。このようなケースはパート・アルバ

イトさんを多く雇用している、事業所ではよく起きている話であります。

仮に**図表19**のⅠ型の逆算式賃金制度で考えるならば、時給1,000円から時給1,050円に上がったとすれば、108,333÷1,050で103時間が限度になります。月間103時間÷21日で1日4.9時間以上は働けないということになってきます。月間でいけば108時間からマイナス5時間の103時間内で働いてもらうということになります。このように逆算式賃金制度で考えればどれくらいの時間まで働くことができるか、個々のパート・アルバイトさんの状況に応じて、即座に決定できることになります。

このケースでⅡ型のときはどうなるか考えてみたいと思います。87,000÷1,050で82時間となるので、21日勤務となれば、1日3.9時間の勤務時間となります。87時間から5時間労働時間を短縮しなければならなくなります。

このように、時給が50円前後上昇すると、トータルの月間労働時間は5時間前後マイナスさせて働いてもらうということになってきます。

扶養の壁の中で働く方が、1名や2名であれば、それほど影響はないと思われますが、仮に10名いたとすれば、時給50円アップで10名分の約50時間の減少した労働時間をその他の部門で協力して補わないと回らなくなってきてしまいます。

いかがでしょうか、年収の壁を意識しないで働いている、

パートさんであれば、最低賃金の引き上げは大変歓迎されることでありますが、年収の壁の範囲内で働いているパートさんにとっては、勤務時間が短くなりますが、賃金はかわらないので、ある意味では、メリットがあるといえるのではないでしょうか。シワ寄せは最終的には会社にきて、人手不足に拍車がかかっていくことになります。

5. 経営者はこの相違をしっかり理解しておくべきでは

いかがでしょうか。年収の壁での働き方について、様々な視点から、分析してきました。読者である、社長さんや、総務担当者や、年収の壁で働いている方など、いくらかこの年収の壁の実態をご理解していただけましたでしょうか。

これまで、ほとんどの方は、年収の壁を超える例として、配偶者控除は年収103万円を越えると税金そのものが38万円少なくなると勘違いしていたり、また時給アップしたときは労働時間をどれだけ少なくすれば、対応できるかということや、社会保険に加入したときの、将来受け取れる老齢年金の違いなど、十分理解しないままで、103万円、106万円、130万円、150万円などの壁について運用されてきているのではないでしょうか。

逆算式賃金制度のような考え方があれば、採用面談の時に

第3章　税法と社会保険の壁を超えるケースと超えないケースの違い

「あなたの場合は、1日何時間勤務で1か月何日間勤務で時給は1,200円です」と、すぐに自信を持って伝えられるようになります。

このような対応ができれば、入社後話が違うといったトラブルは減少していくことになってきます。

年収の壁をしっかり理解することは、パートさんの家庭環境を結果的に把握することになり、うちの社長は私たちパートのことまで、しっかり把握してくれているんだということで、信頼関係を増幅させる効果があると思います。

また、パート・アルバイトさんを募集する求人においても、賃金とか労働条件も逆算式賃金制度などであまり悩むことなく、面接できるようになると思います。

また、令和6年10月から従業員51人以上の事業所の社会保険加入拡大が実施されましたが、新聞報道によりますと今後数年後からは企業規模に関係なく社会保険の加入基準が現在の51人以上の事業所と同じ取り扱いになるようです。施行時期はまだ決まっていないようですが、おそらく数年後には実施されるのではないでしょうか。

いよいよ、中小零細にも週20時間以上月額88,000円以上のパート・アルバイトさんも社会保険に加入の時代となってきました。

私のお客様で、電子部品の製造の会社でありますが、正社員1人でパート・アルバイトさんが20人の会社があります。

91

パート・アルバイトさんは20人とも１日５時間勤務で、社会保険には20人全員が加入していない企業がありますが、全員88,000円以上の賃金なので、**図表14**のＤタイプのケースになると思われます。

その結果、一気に社会保険料の負担が発生してきます。会社負担部分健康保険料（4,391円）＋厚生年金保険料（8,052円）＝合計（12,443円）の20人分なので12,443円×20＝248,860円毎月発生してきます。

年間ですと、248,860円×12ヵ月＝2,986,320円

約300万円の負担増となります。もちろんパートさん本人も同額の負担となります。

もし、これができないということであれば、１日５時間勤務を、３時間50分勤務にするなど、約１時間の勤務時間の短縮が必要となります。

１か月21日勤務とすれば、月間で約21時間、20人分で420時間の時短を強いられることになります。約従来のパートさん約４人分の労働力の減少となります。

この対策としては、生産性のアップか、新規パートさんの雇用しかないのではないでしょうか。

週20時間以上が現在の雇用保険の加入基準ですが、2028年からは週所定労働時間10時間以上20時間未満の方も４年後から対象になりますので、仮に今回の社会保険加入拡大のため、扶養として存続することを希望されて、週20時間未満に

なったとしても、4年後には加入することになります。

従業員100人未満の中小零細企業は**図表7**のデータからもご理解できると思いますが、日本の労働者の約7割を占めております。これまでは比較的中小企業でも大きな会社が対象でしたが今後は、中小零細企業で働くパートさんや、中小零細企業の経営者にとっても大きな負担増が発生してくる可能性がでてきました。

今まさにこの扶養の問題は先送りできない課題なってきたのではないでしょうか。

6. 人手不足の日本では扶養内で働く人は将来の可能性を秘めた貴重な人材

昨今の日本の人手不足は今や深刻な状況であります。

日本商工会議所が2022年に実施したアンケート調査によれば、中小企業の64.9％が人手不足であると回答しています。人手不足が起きる理由には、少子高齢化、DX（デジタルトランスフォーメーション）の遅れ、需要と供給のアンバランスなどがあります。

製造業などでは、人手不足は生産性の低下、過度な労働負荷につながる可能性があるため、深刻な問題の1つであります。

さらに、地方企業、特に中小企業は、地方から都心への労

働力人口の流出が進んでいるため、人手不足の影響がさらに加速しているのが現状です。労働人口の流出を防ぐためには、地方企業及び中小零細企業自体が魅力的な働き場所でなければなりません。

そのため、この人材不足の現状は製造業に限らず、あらゆる所で深刻化しています。

その解決策として、外国人雇用が注目されてきております。

しかし、現在の日本での円安を考えると、外国人雇用は、私は日本人以上にコストがかかる雇用になってくるのではないかと思います。基本的には外国人雇用は日本人と同等の賃金を支払うことが義務付けられております。ましてや、2年か3年毎に在留資格の更新が必要とされます。

新規採用は、どの業界でも、特に中小零細企業ほど求人は厳しいものがあるのではないかと思います。

このような時代の流れの中で、非正規雇用で働く、今会社で働いているいわゆる短時間労働者であるパート・アルバイトさんの人材活用はこのような人手不足の時代では十分考えてみる必要があるのではないでしょうか。

1日4時間勤務のパート・アルバイトさん2人が8時間勤務になれば、正社員一人を雇用した労働時間を作りだせます。

従来から働いているパート・アルバイトさんであれば、基本的な仕事の内容は理解しておりますので初めから教育するよりは、手間もかからないのではないでしょうか。

第3章　税法と社会保険の壁を超えるケースと超えないケースの違い

　ただし、この本のテーマである、扶養で働き続けたいというパート・アルバイトさんは簡単には労働時間をアップして働いてもらえないと思います。

　しかし、退社までの長い雇用期間で考えれば、現在子供さんが小さくても5年か8年くらい経過すれば子供さんも徐々に手がかからなくなってくるので、労働時間のアップは可能ではないでしょうか。

　そのためには、この会社でいまはパートで勤務しているが、いずれは正社員で働いてみたいとか言える、組織会社にしていかなければならないと思います。

　また、被扶養者で働いている方の扶養に対する一般的な考え方のポイントは下記の内容ではないかと思います。

その1　子供が小さい、介護の問題でどうしても働けない。

その2　扶養から外れることにより、自分の所得税や社会保険料負担が耐えられない。

その3　配偶者である夫の所得税のことや、夫の家族手当がなくなるため被扶養者でいたい。

　以上3つが主な理由になってくるかと思われます。

　その1は物理的に勤務時間の延長は厳しいものがあると思います。

　問題はその2やその3が理由の被扶養者の方々であると思います。ここでの考えるべきポイントは今現在状況におけるメリットを考えるか、長期的スパンで将来の時点でのメリッ

95

トを考えるかで、選択肢が相違してくるのではないでしょうか。

　長い目でみれば、将来の年金受給などを考えれば、労働時間をアップして収入アップを図り社会保険に加入するという選択肢も必要であります。

　今後は、昨今の物価高や人手不足などの社会的状況も踏まえて被扶養者でない働き方を選択するパート・アルバイトさんも結構でてくるのではないかと思います。

　そのためには、社長さんも労務担当者もしっかりこの扶養制度の仕組みを社会保険、税金の視点などを踏まえて、理解できて説明できることがポイントではないでしょうか。

7. 最終的に年収の壁はどの選択をするべきか？

　ここまでいろいろな角度から年収の壁について記載してきました。最終的には、パートさんで働く方がどの年収の壁を納得して選択していただくかが一番重要ではないかと考えます。

　パート・アルバイトさんが選択する、年収の壁とその特徴を図表28に一覧にしました。

　いかがでしようか。パート・アルバイトさんの家族状況などによってどの選択がベストかは、最終的にはパート・アル

第3章　税法と社会保険の壁を超えるケースと超えないケースの違い

図表28　年収の壁とその選択のポイント

コース	壁の対象（メインの方）	社保加入有無	所得税（本人）有無	住民税（本人）有無	配偶者控除有無	配偶者特別控除有無	選択のポイント
100万円以内	住民税の壁（本人）	無	無	無	有	無	各市町村で若干取り扱いが違いますが100万円でも住民税が数千円かかってくることがあります。どうしても住民税と所得税をゼロにしたいパートさん
103万円以内	所得税の壁（本人）	無	無	有	有	無	基本的に所得税がかからない。配偶者控除38万円も受けられる。所得税と配偶者控除の両方のメリットを受けたいパートさん
106万円未満	社会保険の壁（本人）	無	有	有	無	有	週20時間未満、給与88,000円未満勤務は社会保険に未加入を維持
51人以上の企業106万円以上で社会保険に加入	社会保険の壁（本人）	有	有	有	無	有	社会保険の保険料をどうしても払えないが配偶者特別控除はうけたいパートさん
130万円未満	社会保険の壁（本人）	無	有	有	無	有	正社員の3/4未満の週の労働時間と月の勤務日数で社会保険未加入を維持
51人未満の企業130万円以上で社会保険に加入	社会保険の壁（本人）	有	有	有	無	有	社会保険の保険料をどうしても払えないが配偶者特別控除はうけたいパートさん
150万円以上	所得税の壁（配偶者）	有	有	有	無	有	社会保険に加入している。夫の配偶者特別控除38万円は段階的に配偶者の収入により減額されていきますが受けたいパートさん
201万円以上	所得税の壁（配偶者）	有	有	有	無	無	社会保険に加入している。夫の配偶者特別控除38万円は受けることはできなくなります。

バイトさん本人が納得の上で、私は103万円のコースとか、私は夫の所得税の減税などもあるので150万円のコースとか、201万円以上で年収の壁は卒業してもっと給与を上げたいとか、様々なケースが起きてくるのではないでしょうか。そのようなパート・アルバイトさんに、しっかりとこの本で記載したことが伝わり、ご参考になればと思います。

社会保険の適用拡大で今後、従来の年収の壁では扶養に残れないパート・アルバイトさんが急増してくるのではないかと思われます。

社会保険の壁は、今後規模要件が撤廃となれば、収入要件が月額88,000円とかなり抑えられてきます。ですので今後は週20時間以上で働くパートさんは、社会保険も雇用保険と同時加入という時代に変化していくのではないでしょうか。

今後は税法の壁である、150万円とか201万円の壁が注目される時代がやってくるのではないでしょうか。

まとめ

年収の壁を越えて、働くか働かないかのメリットとデメリットを税金や将来の年金への影響などしっかり把握して、会社側もパート・アルバイトさんの側も正しく認識することが、やがて、パート・アルバイトさんの人材育成にもつながっていく重要な取組ではないでしょうか。

第4章

年収の壁該当者への
助成金の活用とは

1. 令和5年10月スタートのキャリアアップ助成金社会保険適用時処遇改善コースとは

　昨年、年収の壁への対応策が国会でいろいろ議論されていたことは、記憶に新しいと思います。

　その対策の一つとして、年収の壁を意識せずに働くことができるように厚生労働省において「年収の壁・支援強化パッケージ」が策定され、令和5年10月から実施されました。

　この仕組みは、特定適用事業所で働く人が、社会保険に加入するような労働時間や賃金額で働くことにより、社会保険に加入して保険料を支払うことになり手取り収入が減少することを避けるための特例措置になります。就業調整をしなくても手取り収入を維持できるよう、社会保険適用促進手当が設けられています。

　この制度は、従業員の社会保険の適用を促進するため、従業員が社会保険に加入するにあたり、会社が従業員の社会保険料の負担を軽減するために支給するものであります。

　今回の年収の壁への対応策としては、この手当については、特例として社会保険料の算定対象にしないという、時限的な対応策となりました。その結果、健康保険や厚生年金の給付額の算定基礎には含まれなくなります。

　また、この特例の手当を適用できるのは、令和5年10月以降、それぞれの従業員について最大2年間となります。2年

経過後は、通常の手当と同様に社会保険料の算定に含まれることになります。

　次に手当の対象となる賃金としては、手当を支給する従業員の標準報酬月額が10.4万円以下の月に発生した、本人負担分の社会保険料相当額が上限となっております。また、令和5年10月以降に支給するときは、社会保険料の算定対象としないことができます。ただし、途中で標準報酬月額が定時決定（算定基礎）や随時改訂（月額変更）で10.4万円超になった月は特例は対象外となります。

　従って、東京や大阪や愛知など最低賃金1,000円以上の都道府県ではオーバーしてしまい、この特例措置がなかなか活用できないケースも多いのではないかと思われます。

　毎年最低賃金が引き上げられていくので、10.4万円という基準も見直しされるのではないかと思っております。

　賞与も特例の対象となっており、令和5年10月以降に標準報酬月額が10.4万円以下の従業員に賞与を支給したときは、標準賞与額に係る社会保険料を上限額として、社会保険適用促進手当を支給することができます。また、標準賞与額に含める必要もありません。

　このように、社会保険加入を促進するために、上記の内容を踏まえた社会保険促進等の手当を支給した、会社に対して助成金を支給するという制度内容であります。

2. 助成金の仕組みと助成額について

　この節では、この助成金の具体的な内容について説明したいと思います。

●対象となる従業員

　6か月以上勤務し、新たに社会保険に加入する従業員

●対象となる事業所

　厚生年金保険の被保険者数が常時51人以上である事業所の場合は、週の所定労働時間が20時間以上かつ所定内賃金が月額8.8万円以上で学生ではない者を加入させること。51人未満の事業所の場合は、週の所定労働時間及び月の所定労働日数が常時雇用のフルタイム従業員の4分の3以上である者を加入させること。

●助成金額について

　社会保険適用時処遇改善コースには手当等支給メニューと労働時間延長メニューとその併用コースがあります。

　その概要は、厚生労働省のHPは以下のように紹介されております。

　図表29の手当等支給メニューは、社会保険促進手当などを賃金（標準報酬月額、標準賞与）の15％以上分を労働者に1年目、2年目支給し、3年目は賃金（基本給）の18％以上増額させ支給した会社に、1年目20万円、2年目20万円、3年目10万円のトータルで最大50万円支給されるという内容です。

102

第4章　年収の壁該当者への助成金の活用とは

図表29

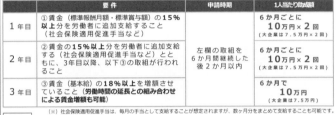

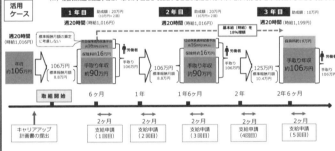

◆ 2年目に前倒して上記の表の3年目の取組（賃金の増額の場合のみ）を実施する場合、3回目の支給申請でまとめて助成（30万円）します。

(厚生労働省パンフレットより)

103

図表30　活用ケースの計算式

1・2年目	図表事例の計算内容
年収	1,016円（時給）×20時間×52.14週＝1,059,484円（約106万円）
社会保険料	88,000円（標準報酬月額） 5,095円（健康保険料）＋8,052円（厚生年金保険料）＝13,147円 令和6年東京都のケースの従業員負月額保険料 13,147円×12ヵ月＝157,764円（約16万円）
社会保険適用促進手当	88,000円×12＝1,056,000円 1,056,000円×15％＝158,400円（約16万円）
手取り	106万円（年収）－16万円（従業員負担分の社会保険料）＋16万円（社会保険料促進手当）＝106万円 税金、雇用保険料は計算に含めていません

3年目	時給18％アップ
年収	1,199円（時給）×20時間×52.14週≠1,250,317円（約125万円） 時給18％アップ　1,016円×1.18＝1,199円
社会保険料	104,000円（標準報酬月額） 6,021円（健康保険料）＋9,516円（厚生年金保険料）＝15,537円 15,537円×12ヵ月＝186,444円（約19万円）
手取り	125万円（年収）－19万円（従業員負担保険料）＝106万円 税金、雇用保険料は計算に含めていません

　図表29の活用ケースの計算式の内訳は図表30の内容となります。この計算式を見ていただければ、具体的なイメージをつかんでいただけるのではないでしょうか。

支給申請は、**図表29**にあるように6か月ごとの申請となります。

また、申請においては、実施する前に、最寄の労働局にキャリアアップ計画届とか就業規則の変更とか、複雑なため、労働局に事前によく相談するか、社会保険労務士などに相談されて実施するかどうか判断したほうが、助成金で申請したが、後日失敗したといったことがなくなると思います。

図表31の労働時間延長メニューにつきましては、先ほどの手当等支給メニューからみれば、わかりやすい助成金ではないかと思います。これは単純に所定労働時間の延長により社会保険を適用させる場合（または社会保険を適用させる際に所定労働時間を延長する場合）に事業主に対して助成する制度であります。

金額は週1時間から2時間未満の延長かつ賃金の増額が15％以上引上げが実施されていれば30万円助成金が支給されるという内容です。週4時間以上引上げのときは賃金の増額はなくても受給できるという内容であります。

このケースは、制度内容がわかりやすく、新たな手当の支給とか就業規則の改定まで要求されていないので、比較的取り組みやすい助成金ではないでしょうか。この助成金も事前に労働局にキャリアアップ計画届が必要になってきますので、事前に労働局などでよく相談されて対応するべきだと思います。

次に**図表31**の併用メニューについて考えてみたいと思います。このコースは先ほどの手当等支給メニューと労働時間延長メニューを組み合わせた制度内容となっております。

　手当等支給メニューでは３年目18％以上の賃金の増額等の要件がありましたが、１年目で手当等支給メニューで20万円助成金を申請し２年目で労働時間延長コースを選択して30万円申請しトータルで50万円申請するという内容であります。

　手当等支給メニューではトータル50万円受給するのに約３年間かかりますが、併用メニューでは約２年間で受給できるというのもこの制度のメリットの一つではないでしょうか。

　図表32は**図表31**の併用メニューの活用ケースの計算式であります。

　この図表をみていただければ、併用コースのイメージがわいてくるのではないでしょうか。

　いずれの助成金制度を活用するかは会社の判断になってくるかと思われますが、事前に労働局などでしっかり相談されることをお勧めします。

3. 助成金の活用のメリットとデメリット

　年収の壁対応のための助成金制度について、概略を記載してきましたが、イメージがついたでしょうか。なかなか複雑な制度で社会保険と労働保険が入り組んでいるため、なおさ

第4章 年収の壁該当者への助成金の活用とは

図表31

②労働時間延長メニュー

所定労働時間の延長※により社会保険を適用させる場合（または社会保険を適用させる際に所定労働時間を延長する場合）に事業主に対して助成します。

以下の表の①〜④のいずれかの取組を行った場合に、労働者1人当たり中小企業で30万円（大企業の場合は22.5万円）を支給します。

	週所定労働時間の延長	賃金の増額	申請の時期	1人当たり助成額
①	4時間以上	—	左欄の取組を6か月間継続した後2か月以内	6か月で30万円（大企業は22.5万円）
②	3時間以上4時間未満	5％以上		
③	2時間以上3時間未満	10％以上		
④	1時間以上2時間未満	15％以上		

※原則、延長前6か月の週平均実労働時間と延長後6か月の週所定労働時間を比較します。

③併用メニュー

1年目に①手当等支給メニューの取組を行い、2年目に②労働時間延長メニューの取組を行った場合に助成します。

	要件	申請時期	1人当たり助成額
1年目	賃金（標準報酬月額・標準賞与額）の15％以上分を労働者に追加支給すること（社会保険適用促進手当）	左欄の取組を6か月間継続した後2か月以内	6か月ごとに10万円×2回（大企業は7.5万円）
2年目	上記の取組を行った上で、以下のいずれかの取組を行うこと ① 4時間以上　— ② 3時間以上4時間未満　5％以上 ③ 2時間以上3時間未満　10％以上 ④ 1時間以上2時間未満　15％以上		6か月で30万円（大企業は22.5万円）

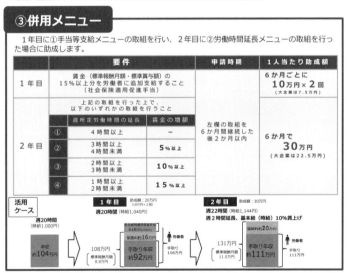

（厚生労働省パンフレットより）

107

図表32　併用メニュー活用ケースの計算式

1年目	図表事例の計算式
社会保険加入（前）	1,000円（時給）×20時間×52.14週＝1,042,800（年収約104万円） 104万円（年収）÷12ヵ月＝86,667円
社会保険加入（後）	1,040円（時給40円アップ）×20時間×52.14週＝1,084,512円　（年収約108万円）
社会保険料	88,000円（標準報酬月額） 5,095円（健康保険料）＋8,052円（厚生年金保険料）＝13,147円 13147円×12ヵ月＝157,764円（約16万円）
社会保険適用促進手当	88,000円×12＝1,056,000円 1,056,000円×15％＝158,400円（約16万円）
手取り	108万円（年収）－16万円（従業員負担分の社会保険料）＋16万円（社会保険料促進手当）＝108万円 税金、雇用保険料は計算に含めていません

2年目	図表事例の計算式
変更点	所定労働時間を2時間延長で20時間から22時間 時給10％アップ1,040円×1.1＝1,144円
年収	1,144円（時給）×22時間×52.14＝1,312,259円（年収約131万円） 131万円÷12ヵ月＝109,166円
社会保険料	110,000円（標準報酬月額） 6,369円（健康保険料）＋10,065円（厚生年金保険料）＝16,434円 16,434円×12ヵ月＝197,208円（約20万円）従業員負担分
手取り	131万円（年収）－20万円（従業員負担分）＝111万円 税金、雇用保険料は計算に含めていません

らわかりにくくなっているのだと思われます。

まして年収の壁もからんできているのでなおさらかと思います。

今回この助成金の特徴を考えてみるとメリットとデメリットは下記のような感じであります。

「メリット」

　　その１　社会保険の加入による、手取り収入の減少なくして加入できること。

　　その２　社会保険加入により、老齢年金など給付が厚くなる。

　　その３　子供さんや、介護の関係で、勤務時間が厳しいケースでも社会保険に加入しやすくなる。

　　その４　会社としては助成金の受給があるので、社会保険適用促進手当の財源が確保できる。

「デメリット」

　　その１　今回の助成金は特例措置であるため、３年目から社会保険適用促進手当は、標準報酬月額、標準賞与額に含めて計算されることで、社会保険料のアップにつながってきます。

　　その２　会社によっては、社会保険促進手当は２年間で支給が終了してしまう会社もあります。

　　その３　昨今の最低賃金の引き上げにより、社会保険適用

図表33　標準報酬月額表（協会けんぽ・東京）

（東京都）　　　　　　　　　　　　　　　　　　　　　　　　　　　　　　　　（単位：円）

標準報酬		報酬月額		全国健康保険協会管掌健康保険料				厚生年金保険料（厚生年金基金加入員を除く）	
				介護保険第2号被保険者に該当しない場合		介護保険第2号被保険者に該当する場合		一般・坑内員・船員	
				9.98%		11.58%		18.300%※	
等級	月額			全　額	折半額	全　額	折半額	全　額	折半額
		円以上	円未満						
1	58,000	～	63,000	5,788.4	2,894.2	6,716.4	3,358.2		
2	68,000	63,000 ～	73,000	6,786.4	3,393.2	7,874.4	3,937.2		
3	78,000	73,000 ～	83,000	7,784.4	3,892.2	9,032.4	4,516.2		
4(1)	88,000	83,000 ～	93,000	8,782.4	4,391.2	10,190.4	5,095.2	16,104.00	8,052.00
5(2)	98,000	93,000 ～	101,000	9,780.4	4,890.2	11,348.4	5,674.2	17,934.00	8,967.00
6(3)	104,000	101,000 ～	107,000	10,379.2	5,189.6	12,043.2	6,021.6	19,032.00	9,516.00
7(4)	110,000	107,000 ～	114,000	10,978.0	5,489.0	12,738.0	6,369.0	20,130.00	10,065.00
8(5)	118,000	114,000 ～	122,000	11,776.4	5,888.2	13,664.4	6,832.2	21,594.00	10,797.00
9(6)	126,000	122,000 ～	130,000	12,574.8	6,287.4	14,590.8	7,295.4	23,058.00	11,529.00
10(7)	134,000	130,000 ～	138,000	13,373.2	6,686.6	15,517.2	7,758.6	24,522.00	12,261.00
11(8)	142,000	138,000 ～	146,000	14,171.6	7,085.8	16,443.6	8,221.8	25,986.00	12,993.00
12(9)	150,000	146,000 ～	155,000	14,970.0	7,485.0	17,370.0	8,685.0	27,450.00	13,725.00
13(10)	160,000	155,000 ～	165,000	15,968.0	7,984.0	18,528.0	9,264.0	29,280.00	14,640.00
14(11)	170,000	165,000 ～	175,000	16,966.0	8,483.0	19,686.0	9,843.0	31,110.00	15,555.00
15(12)	180,000	175,000 ～	185,000	17,964.0	8,982.0	20,844.0	10,422.0	32,940.00	16,470.00

　促進手当の特例を受ける標準報酬月額が104,000円以下の従業員が対象で、**図表33**にあるように報酬月額が107,000円以上になると、標準報酬月額が110,000円になり、特例の措置が受けられなくなってしまいます。東京などの最低賃金が1,000円以上の地域では、104,000円以下の等級で働き続けることは、ますます難しくなってくるのではないでしょうか。

　いかがでしょうか。ご理解いただけましたでしょうか。

第4章　年収の壁該当者への助成金の活用とは

4. 助成金の活用状況にかかわらず基準に該当すれば社会保険に加入しなければならない

　助成金の具体的な活用事例をみてきましたが、今回の助成金を活用するしないに関係なく、労働時間や賃金が基準以上になれば、社会保険に加入しなければなりません。あくまでも、助成金は、社会保険に加入したときの、手取りの減少分を助成金でカバーするものであります。

　基本的には2年間の給付になってくるので、2年間で、会社が社会保険促進手当を廃止すれば、手取りは減ってしまいます。

　従って、昨今の最低賃金の引き上げや、物価高を考えるならば、社会保険促進手当は継続して支給していくべきではないでしょうか。

　数年後には、すべての社会保険適用事業所が**図表20**のⅡ型のタイプになっていくので、大半のパートさんは　社会保険に加入することになってきます。従って、手当等支給メニュー、労働時間延長メニュー、併用メニューなどの制度を活用されて、社会保険加入の促進を図っていくということも必要な考え方ではないでしょうか。

111

5. 年収の壁を超えて働けないが頑張っている人には退職慰労金制度などでモチベーションの維持を

　年収の壁や、社会保険加入の拡大で、大半のパート・アルバイトさんは社会保険加入となりますが、なかには子供さんや、介護の関係や、ご主人の所得の関係でどうしても週20時間以上、月額88,000円以上働けない、また、社会保険の壁で社会保険には加入しているが、税法の壁である150万円までしか働けないといったパートさんも、絶対数は少なくなってきますが、ある程度存在していくものと思われます。

　このような労働環境で働いている頑張ってもどうしても、収入のアップができないようなパートさんのケースであれば、私は、あえてシンプルな退職金制度の導入を考えてもいいのではないかと思います。退職金はいくら受給しても社会保険の加入基準には影響しません。

　ほとんどの社長さんは、退職金制度と聞いて、パートさんなどの非正規従業員は必要ないのではないかと思われたかと思います。この本をお読みの社長さんの中には、正規従業員にも退職金制度は導入していないのに、と思われているかたも多いのではないかと思います。

　ここで、退職金制度のその基本的な考えは一般的に下記のように言われております。

① 賃金の後払い説

② 功労報奨説

③ 老後の生活保障説

　また、日本の退職金制度は日本独自の制度だといわれており、そのルーツは、江戸時代の奉公人が独立する際に、主人から独立するための資金と同時に屋号の使用許可を与えられるという「暖簾わけ」制度がその始まりだとも言われています。

　いかがですか？　私が実務上、色々なお客様とこの退職金制度のお話をすると、②の功労報奨の考え方の社長さんが多いような気がします。

　現在の日本の退職金制度の導入の状況は９割近く日本の企業は採用しております。ところが、パート・アルバイトさんなどについては、詳しいデータがないので、確かなことはいえませんが、ほとんど採用されていないというのが、私の率直な感想です。

　社長さんのお知り合いで、果たして、パート・アルバイトさんに退職金制度がある会社があるでしょうか。

　一般的に正規従業員には②の功労報奨説に基づいて、退職金の意味合いが考えられておりますが、私は、パートさんなど非正規従業員さんにも功労報奨説に基づいて退職金を考えるというのは、頑張って働いても収入をアップできない被扶養者にとっては、大変魅力ある制度になってくるのではないかと考えます。

なぜならば、パートさんの方も一生懸命に働いており、その1時間の労働の密度は正規従業員とそれほど違わないかもしれません。ただ、収入の上限があるためということかもしれません。

　色々な仕事内容を細かく分析していくと、ほとんどの職種で、その人しかできない高度な仕事は、医師などの専門職を除けば、その労働時間の1割か2割くらいではないかと思います。逆にいうとその労働時間の8割か9割はパートさんでもできうる仕事が大半ではないかと思います。

　このように考えると、正規従業員に退職金制度があってパートさんが当たり前のようにないとされるのは、いささか不公平ではないかと思います。

　社長さんからみれば、いつまで働いてくれるかわからないし、臨時の方にそのような制度は必要ないと考えられることも十分理解できます。しかし、どうでしょうか？　お客様目線で考えられれば、あなたの会社から対価をうけるのに、正規従業員からうけるのとパート・アルバイトさんからうけることに、相違はないのです。お客目線で考えれば同じなわけであります。売上げの源であるお客様に対してはその時間的な仕事に対する価値は正規従業員となんら変わらないのではないかと私は思っております。

　そうであるならば、私はパート・アルバイトさんなどの非正規従業員にも退職金制度は、とくに被扶養者で働くパート

114

さんにとっては、必要な取組ではないかと思います。

　現在の日本の退職金積立制度はいずれの制度も長期勤続を前提とした現役従業員さんの加入を前提にしており、パートさんなど非正規従業員さんの制度導入には難しい内容ではないかと思います。

　また、現在の多くの退職金制度は基本的に会社が掛け金を毎月支払っても、その退職金は原則直接従業員個人の口座に振り込まれる制度であります。また、制度設計も複雑な制度が多く、5年勤続で退職金はいくら支給されるとかがわかりにくい制度がほとんどであります。

　私は扶養内で働くパート・アルバイトさんであれば、これらのような、従来からの退職金制度ではなく、もっとシンプルで簡単な制度を提案したいと思います。

　基本的に非正規従業員さんの平均勤続年数は何年になるか考えてみたいと思います。おそらく5年前後ではないかと思います。

　一般的な従業員さんの退職金制度でも、10年勤続で60万円くらいから100万円が相場であると思われますので、非正規従業員さんであれば5年で12万円、10年で24万円前後くらいでもいいのではないかと思います。5年勤続で12万円の退職金ということであれば、従来からある退職金制度のような積立制度までの制度設計を考えなくても、従業員さんに賞与を支払うほどの感覚で、退職金を支給できるのではないかと思

115

います。

　仮に５年で12万円とすると５年で60か月勤務しているので１月当たり2,000円の積立となります。５年勤続でなく10年であれば2,000円×12×10＝24万円ということになります。

　この考え方大変わかりやすいと思いませんか？

　これまでの退職金制度のように、何年勤続したら幾らといった考えではなく、何か月勤続したので、その月数分の退職金いくらになりますよと定めると大変わかりやすいのではないかと思います。

　非正規従業員の退職金は１か月勤続したら、1,000円又は3,000円支給しますといった単純なシンプルな制度は、大変わかりやすい制度になってくるのではないかと私は確信する次第であります。この退職金制度の考え方の加入月額方式を私は「加入月額方式退職金制度」と命名したいと思っております。

　非正規従業員さんの退職金は退職金月額単価の決め方によって**図表34**のようなイメージの退職金の内容になってくるかと思います。

　資金的に厳しければ、加入月額単価1,000円として、５年で６万円も私はありだと思います。

　この加入月額方式で退職金を考えてみるのもわかりやすくていいと思いませんか？

　何か月勤務かで、金額が簡単にわかるので、誰でも自分の

図表34　退職金シミュレーション

(単位：万円)

	1年	2年	3年	4年	5年	6年	7年	8年	9年	10年
Ⅰ型 3,000円	3.6	7.2	10.8	14.4	18	21.6	25.2	28.8	32.4	36
Ⅱ型 4,000円	4.8	9.6	14.4	19.2	24	28.8	33.6	38.4	43.2	48
Ⅲ型 5,000円	6	12	18	24	30	36	42	48	54	60

退職金がイメージできます。

　また、特に功労のあった方は、功労加算金として支給額の1.2倍とか1.5倍といった加算金制度を導入されたらいかがでしょうか。

　仮に、被扶養者で月収86,000円で勤務して3年で仮に退職したといたとき、**図表34**のⅢ型であれば18万円で3年の36か月で割れば毎月5,000円オーバーしていることになります。

　毎月の賃金であれば、86,000円＋5,000円で91,000円となり、社会保険に加入しなければなりませんが、退職金制度があれば、トータルで考えると、社会保険に加入しなくても被扶養者として働き続けることができます。

　ただし、このような退職金制度の導入は、正社員の退職金制度とのバランスもあるので、しっかり支給基準を考えて運営する必要があると思います。

　この退職金制度はなにも扶養の範囲内で働くパート・アルバイトさんだけでなくても一般のパート・アルバイトさんで

も大変喜んでいただける制度ではないでしょうか。

この退職金規程は下記のようなイメージでいかがでしょうか。

「パート退職金規程」

（適用範囲と考え方）

第1条　この規程の適用には、非正規従業員であるパートタイマーに適用するものとする。

　　　　なお、当社の退職金を支給するときは、在職時の功労説として支給するものとする。

（退職金の算定方式）

第2条　退職金は加給月額比例方式で、パートでの新規雇用からの在職月数に応じて新規雇用時に定められた、月額単価の勤務月数分支給ものとする。

　　　　月額単価は1,000円から5,000円の範囲内で新規雇用時の賃人額で個人ごとに定めるものとする。

（退職金額）

第3条　当該規程の適用を受ける新規雇用のパートさんが1ヵ月以上勤務した場合であって次の各号のいずれかに該当する事由により退職したときは、新規雇用からの勤務月数に月額単価をかけたものを支給するものとする。

　　　(1)　更新の契約期間満了により退職したとき

　　　(2)　60歳以上契約期間満了で退職するとき

　　　(3)　業務外の私傷病により担当職務に耐え得ないと認めたとき

　　　(4)　業務上の私傷病によるとき

　　　(5)　会社都合によるとき

　　2　新規雇用パートさんが、次の各号のいずれかに該当する事由により退職したときは、前項の8割を支給するものとする。

　　　(1)　契約期間中に退職するとき

118

第4章　年収の壁該当者への助成金の活用とは

　　　(2)　休職期間が満了して復職できないとき
(退職金の減額)
第4条　懲戒処分があった場合には退職金の未支給若しくは減額
　　　をすることがある。
(勤続年数の計算)
第5条　第2条の勤続月数の計算は、雇い入れた月から退職の月
　　　までとし、1月に満たない端数月は切り上げる。
　　2　休職期間及び業務上の負傷又は疾病以外の理由による欠
　　　勤が1か月を超えた期間は勤続月数に算入しない。
(退職金の支払方法)
第6条　退職金は、会社が新規雇用のパートさん(当事者が死亡
　　　した場合はその遺族)に支給する。
　　2　退職金の支給は原則社長が直接支給するものとする。
(退職金の加算)
第7条　在職中の勤務成績が特に優秀で、会社の業績に功労顕著
　　　であったと会社が認めた新規雇用の年収の壁などで賃金が
　　　あげられなくてもよく頑張ってくれたパートさんなどに対
　　　し、退職金を特別に加算して支給することがある。
　　　　この規則は令和　年　月　日から施行するものとする。

　この規程のなかの第3条に契約期間中に退職するときは8
割の支給と2割減額の規定となっております。このような規
程により契約期間中の退職の防止にもなってくるのではない
でしょうか。
　また、退職金制度のその他の制度と今回提案している加人
月額方式の制度の違いを**図表35**にまとめましたのでご参考
にしていただければ、いかにこの制度がわかりやすい制度で
あるかご理解できるのではないでしょうか。

119

図表35　加入月額方式退職金制度とその他制度との比較

制度	概　略	支払い方	懲戒解雇の支払	毎月の支払	退職後の持ち運び
加入月額方式退職金制度	加入月額単価方式で計算が簡単で自由な設計ができる。	会社が支払う。	退職金規定により支払わない。	特に必要なし。但し、退職時に全額損金計上する。	できない
確定給付企業年金	従業員の退職金を確定できる。不足のある時は会社が補填する。	従業員に直接支払う。	各規約による。	毎月の掛金は全額損金計上	できない
確定拠出企業年金・401K	毎月の掛金を個人名義で外部積立する。従業員に投資教育が必要となる。	従業員に直接支払う。	従業員に支払われる。	毎月の掛金は全額損金計上	できるただし、条件あり
中小企業退職金共済制度	毎月の掛金を個人名義で外部に積み立する。掛金の減額は従業員の同意が必要となる。	従業員に直接支払う。	相当な理由があれば減額できるが会社に返ってこない。	毎月の掛金は全額損金計上	できるただし、条件あり
前払い退職金	毎月の給料に上乗せする。実質的には給料と変わらない。	毎月支払うことで完了する。	従業員に支払われる。	従業員の給与となることにより、所得税・社会保険料の負担が増える。	毎月支払うことで完了する
社内預金	資金不足に注意を要する。積立時の税法の優遇はない。	会社が支払う。	退職金規定により支払わない。	積立に税法上の優遇措置はなし。	できない

120

6. 退職慰労金ならば毎年40万円まで非課税の枠が使える

　社長さんいかがでしょうか？　社長さんのなかには中退共で、掛け金が一人5,000円であれば、毎月その分損金処理ができるではないかと思われる方もいるかと思います。

　確かに、月額加入比例方式では毎月の積立がないので、毎月の経費処理はできません。しかし、退職金の支払時には退職金として、損金処理ができますので、毎月経費が発生するか、退職時に経費が発生するかのちがいであります。

　また、現在の税制では勤続20年までは毎年退職金の所得控除として、40万円20年で800万円まで非課税で、受給する側からみますと、ほとんどの非正規従業員さんでは金額が低いので所得税がかからず非課税で退職金を受給できます。

　この制度を深く考えれば、この本で紹介している被扶養者のパート・アルバイトさんのなかには、夫の税法上の扶養になるため年間103万円以上または150万以上働けないとかいったお話をよくお聞きします。社会保険の扶養であれば年間130万円（60歳以上は180万円）までであります。

　パート・アルバイトさんでよく頑張っていると社長さんが判断するのであれば、退職金の功労報奨説に基づいて、退職金をいくらか規定よりも増額して支給する。たとえば5,000円単価の方であれば10年勤続で60万円ですが、支給率を前節

121

でも記載しましたが1.1倍とか1.2倍とか規定を定めて運用すれば、税法上の壁などで働けない、パートさん達のモチベーションは上がってくるのではないかと思います。10年でなんと400万円非課税になるのです。大変効果的な取組になってくるのではないかと思います。ちなみに20年を超えますと年間70万円非課税枠がアップしてきます。30年で計算すると1,500万円非課税枠がでてきます。

　私は、日本の税制のなかで、この退職金制度がもっとも税金のかからない制度の一つではないかと思っております。

　加入月額比例方式はあくまでも、パート・アルバイトさんなどの非正規従業員さんの退職金制度なので、退職金積立制度まで考えていませんが、現在退職金制度がない会社であれば、この制度のような月額単価を5,000円とか7,000円とかで制度化すれば逆に正規従業員さんの退職金制度として十分活用できるのではないでしょうか。

まとめ

　社会保険加入の対策の一つとして、令和5年10月に発表された社会保険適用時処遇改善コースなどのキャリアアップ助成金を有効活用したり、年収の壁で年収の上限がある、パート・アルバイトさんなどに、退職金制度の導入なども十分検討してみるべき課題の一つではないでしょうか。

第5章

年収の壁該当者を
いかに正社員転換に向けて
育成していくか

1. 子供さんの関係で、扶養内で働いていた家庭の主婦層はやがてフルタイムで働ける環境に変化していく

　この本は年収の壁を意識して働く方を念頭に、その対応策を考えてきました。大半の方は子供さんが小さいので、フルタイムで働けないというケースではないでしょうか。

　過日の新聞報道で大変興味深い記事がありました。政府は、令和6年6月5日「女性の職業生活における活躍推進プロジェクトチーム」の会合を首相官邸で開き、妻が出産後に就労を継続した場合と、退職して再就職しないケースを比べると、世帯の生涯可処分所得に1億6,700万円の差が出るとの試算が発表されました。

　試算の内容の概要は**図表36**となっております。

　この試算では29歳で第1子、32歳で第2子が生まれた4人世帯の生涯可処分所得について、出産後の妻の就労状況に応じて異なる6パターンを作成しており、その試算によると、正社員として就労を継続した世帯の所得は4億9,200万円。これに対して、非正規として継続した場合は8,700万円、年収100万円のパートとして再就職した場合は1億4,000万円、それぞれマイナスになると試算しています。

　また、大変興味深いデータとしてパートでも年収100万円と同150万円では、生涯可処分所得に1,200万円の差があったということであります。

第5章　年収の壁該当者をいかに正社員転換に向けて育成していくか

図表36　女性の出産後の働き方別世帯の生涯可処分所得試算

(億円)

就労継続		再就職パート		再就職無し
正社員	非正規	「年収の壁」範囲内100万円	「年収の壁」超え150万円	
4.92	4.05	3.52	3.64	3.25
マイナス	−0.87	−1.4	−1.28	−1.67

(内閣府資料より)

　上記のような、政府の試算結果は収入面からの視点になりますが、年収の壁は女性の就労においてネックとされています。また、税や社会保険料の負担が大きくなってしまうのですが、トータルでは給与や将来受け取れる年金の増額などを考えれば、最終的には正規で働くことで所得が増えていくのではないかと分析しております。

　図表36を見ていただくと、この本のテーマの一つである、社会保険加入の年収の壁で考えると年収100万円の範囲内は社会保険未加入で、年収の壁150万円超えは社会保険加入となってきますので先ほども触れましたが、生涯可処分所得が1,200万円相違してきます。

　以上のように、収入という長期の視点で考えれば、年収の壁を越えて、できれば働くことはいいのではないでしょうか。

　次に、日本の人口の問題から、年収の壁について考えてみたいと思います。

125

図表37　労働力人口と65歳以上人口の推移

厚生労働省の公表資料「労働力人口と65歳以上の人口の推移」によれば、2022年の日本の労働力人口は約6,350万人、一方65歳以上人口は約3,650万人です。そして今後は次のように推移する見込みです。

（労働市場参加が進むケース）

	〈2030年〉	〈2040年〉	〈2060年〉
労働力人口	約6,000万人	約5,600万人	約4,400万人
65歳以上人口	約3,700万人	約3,900万人	約3,500万人

（労働市場参加が進まなければ、労働力人口は急激に減少し、2040年には約5,100万人となる）

　ここで**図表37**厚生労働書資料を見ていただきたいと思いますが、65歳以上人口は2042年にピークを迎えます。労働力人口が毎年減少していくなかで、65歳以上の人口だけがあと20年ほどは増加傾向が見られます。

　このデータからみると、65歳以上高齢者の人口が今後増加し、労働量総人口が急激に減少していくなかで高齢者雇用が今の日本ではもっとも大きな身近な人手不足対策になってくることがご理解できると思います。このデータから分析すると約40年後は労働力人口が現在の3分の2になり、約2千万人近く労働人口が減少してしまうことになります。

　この約2千万人の減少にどのように対応していけばいいのか、今後の日本の大きな課題が見えてきます。高齢者雇用もその対策の一つですが、日本では約3割が非正規雇用である

のでその方々が年収の壁を越えて、1日4時間からフルタイムの8時間で働くといった就業転換、労働時間の増加につながれば、この約2千万人近い労働力減少はかなり緩和されるのではないでしょうか。

また、このデータからもわかると思いますが、労働市場への65歳以上の方などの参加が進むことにより、2040年あと約16年間はなんとか5,600万人前後の労働力人口は維持できるようですが、進まなければ5,100万人と一気に500万人に減少して人手不足が加速していくことがわかります。

外国人労働者で500万人も増やすのは不可能な話であります。そうなると今以上に人手不足は加速していくことになります。この500万人とは現在の労働人口の約8％ですから単純計算であと約16年間で従業員10人の会社であれば1人は最低でも人がいなくなってくることになります。しかも補充ができないということになってきます。従って今後事業の拡大で従業員さんの募集はかなりの好条件にしないと人を集めることはだんだん難しい時代に突入してきていることが、ご理解いただけると思います。

従って中小企業ではこれからは、高齢者雇用の推進はもちろんですが、非正規雇用のパートさんなどの年収の壁で働いている、人材の定着と育成を大企業以上に真剣に考えて人材を育てていかなければ、大企業などのライバルにどんどん人材が流失してしまう可能性がでてきます。

127

若い人材は本当に重要ですが、いまいるパート・アルバイトさんなどの年収の壁の範囲内で働いている方の育成定着や、今後定年をむかえる従業員さんとか、高年齢者の新規採用などで、労働力を確保し、業務の効率化を推進していけるかが益々重要な時代になってきたのではないかと思います。

　次は、専業主婦の国際比較のなかで、この年収の壁について考えてみたいと思います。

　日本は6年前のデータからですが、専業主婦の割合は約38％で世界的にみても高いようです。その理由は、女性は働きにくく、男性と同じようにキャリアを積める環境になっていないという現状があるからではないでしょうか。従って正社員ではなく、パート・アルバイトで子育てにも専念したいという、専業主婦というよりも、いわゆる兼業主婦が多いのが日本の現状ではなかと思います。

　アメリカでは共稼ぎがスタンダードで、夫婦で家事や子育てを分担するのが一般的なようであります。専業主婦の割合は23％で、専業主夫は1.3％のようです。

　スウェーデンは専業主婦のほとんどいない国でなんとその割合は2％のようであります。スウェーデン女性には日本と違って専業主婦という選択はほとんどないようです。スウェーデンは移民の多い国。だから、ここでは年齢、国籍、性別、障害などを問わず「個人の自立」をとても大切にしています。その「個人を尊重する」という考えが、専業主婦が

いない最も大きな理由のようです。

なかには専業主婦というと、なぜ仕事をしていないのかと思われる国もあるようです。夫の所得が高いからとかは関係ないです。家族であっても、個人として見られるからです。

このように、専業主婦に対する、考え方はさまざまです。

以上収入、労働人口、専業主婦の国際比価などの視点から年収の壁で働く課題について考えてみましたが、最終的には今の日本の少子高齢化を考えるならば、年収の壁を越えて働く環境になっていかなければならない時代になってきたのではないでしょうか。

2. 正社員移行時に、年収の壁該当者の賃金制度は、正社員の賃金制度に組み入れる

この本では、年収の壁該当者は逆算式賃金制度で賃金を決定したらどうかという提案をしてきました。

考えてみれば、年収の壁の範囲内で働くということは、基本的には、人事制度の評価により、賃金がアップしていくことの対象になってこないと同時に、該当者も人事考課をあまり気にしないというのも、この方々の特徴の一つかと思われます。

しかし、子供さんや、自己負担部分の社会保険料、夫の所得税など考慮して年収の壁を越えて働くことを希望されたの

129

であれば、その時から、現在運用されている、自社の賃金制度に移行すれば問題なく移行できるのではないでしょうか。

年収の壁からの移行組は、仕事内容も十分理解しており、今まで1日4時間勤務だったのがフルタイム8時間で勤務するということになれば、かりに2人移行すれば、新規に正社員1人雇用したので同じことになります。

新規求人への求人費用、人材紹介会社で依頼すれば年収の約3割は手数料がかかってしまいます。また新規で雇用してもすぐに退職してしまうことも考えられます。

年収の壁移行者であれば、これらのリスクもあまりないのではないでしょうか。

3. 非正規雇用の無期転換権をどのように考えるか

この節では、年収の壁該当者などの非正規従業員さんが毎年の更新で5年経過後、無期転換権を行使してきたら、社長さんならどう考えますか？　正規従業員として登用していきたいと思っているケースなら歓迎かと思いますが、仮にやめてもらいたいと思っている方から言われたケースを考えてみたいと思います。

そもそも無期転換制度とは、同一の使用者（企業）との間で、［有期労働契約が5年を超えて更新された場合］、［有期

契約労働者（契約社員、アルバイトなど）からの申込み］により、［期間の定めのない労働契約（無期労働契約）に転換］されるというルールのことです。

有期契約労働者が使用者（企業）に対して無期転換の申込みをした場合、無期労働契約が成立します。そして使用者は断ることができませんという内容で、平成25年4月1日以降に開始した有期労働契約の通算契約期間が5年を超える場合、その契約期間の初日から末日までの間、無期転換の申込みをすることができるという内容であります。

この無期転換ルールとは、平成24年8月に成立した「改正労働契約法」（平成25年4月1日施行）により、対応が必要になった雇用に関するルールのことで、法律で定められているので拒むことはできないということであります。

ただし、定年再雇用のときなど、例外とされるケースもあります。

じゃあ社長さん、このような法律があるなかで、年収の壁該当者などで無期転換させたくない方が申し出てきたときは……、そうです。拒めないのです。ただし、正社員にしろと定めているわけではなく、有期契約を無期契約にしなさいと定めてあるので、賃金などの処遇は同じで、契約期間だけ、1年更新などから期間の定め無しに変更するだけでもOKであります。

もしくは、雇用期間5年になる前に、契約を更新しないか

ですが、雇止めにするのも問題がありますので、慎重な対応が必要かと思われます。ですので、最初から契約期間は5年を上限とすると定めて雇用するといった対応が必要ではないかと思います。

いかがでしょうか。無期転換権について記載してきました。

ここで、無期転換権に関連した最近の判例を一つ紹介したいと思います。

「公益財団法人グリーントラストうつのみや事件（宇都宮地判令和2年6月10日労働判例1240号83頁）」

無期労働契約の締結申込権が発生するまでは、使用者には労働契約を更新しない自由が認められているから、無期労働契約の締結申込権の発生を回避するため更新を拒絶したとしてもそれ自体は格別不合理ではないが、本件労働契約は労契法19条2号に該当し、Xの雇用継続に対する期待は合理的な理由に基づくものとして一定の範囲で法的に保護されたものであるから、特段の事情もなく、かかるXの合理的期待を否定することは、客観的にみて合理性を欠き、社会通念上も相当とは認められないとされました。

このように、無期転換権を拒否することは、判例からみても大変難しいという実態をご理解していただければと思います。

また、令和6年4月からは、年収の壁該当者など非正規雇用の雇用契約書に記載しなければならない無期転換権に関す

第5章　年収の壁該当者をいかに正社員転換に向けて育成していくか

ることなど追加項目がいくつかできてきました。このような雇用契約書の改正からも無期転換権行使については会社側は十分、労働者に説明しなければならないと思います。

　改正されたひな形のサンプルは**図表38**であります。

　Ⅰ型パート雇用のひな形は、逆算式賃金制度で決まった労働条件を、具体的に契約書に定めておくためのもので、特に年収の壁の該当者などは、今後トラブル防止のために必要かと思われます。Ⅰ型Ⅱ型とも全国平均の最低賃金である1,055円のケースで考えてみたものになっています。

　Ⅰ型では年収130万円を超えることができないので、1週間に1回勤務時間を1時間短縮して勤務するなかで、年収130万円の社会保険の壁を達成しております。

　Ⅱ型では、88,000円以上勤務できない雇用となっております。ただし家族手当と通勤手当を含めれば99,400円となりますが51人以上の加入基準では、含めなくて計算されるので今回の契約内容であれば社会保険の壁は達成することになります。

　また、このⅡ型では、週の所定労働時間が20時間未満、月額給与が88,000円以下なので社会保険加入しなくてもOKであります。

　時給が東京の最低賃金1,163円ですと、この契約書の労働時間ですと93,040円となり、88,000円以上となりますので、社会保険に加入しなければならない労働条件となります。

133

図表38－1　労働契約書（Ⅰ型パート雇用）

契約期間	（自令和 6 年 10 月 1 日　至令和 7 年 9 月 30 日）　又は　~~期間の定めなし~~		
就業場所	雇い入れ直後　**本社**　　変更の範囲　　会社の定める就業場所		
従事すべき業務の内容	雇い入れ直後　**事務**　　変更の範囲　　会社の定める就業業務		
勤務時間	始業・就業の時刻	9 時 00 分より 15 時 00 分まで（業務の都合により変更することがある）	
	休憩時間及び所定労働時間	12 時 00分 より 13 時 00 分まで（週一回は3時間勤務） 1日 5 時間 00分 1週 5日 勤務で 24時間 00分 勤務	
休日	毎週日曜日・祝祭日 （その他会社カレンダーによる）1ヵ月の平均勤務日数 21 日間		
賃金	給与区分	（時給）又は　　月給	
	基本給	（時給 1,055 円で 月額 102,335 円）又は （~~月額　　　　円~~）	
		手当　　　　円　　　　　　　手当　　　　円 通勤手当 1．全額支給　（定額支給　5,000 円 年収約　128万　　円（手当込みで130万円以上になると扶養から離脱します。）	
	割増賃金率	労働基準法に従い支払う。 実働8時間を超えたら法定時間外25%など	
	社会保険加入状況	社会保険 （社会保険適用の労働時間の時は加入する） 雇用保険 （週20時間以上勤務で1ヵ月以上勤務するとき加入する） 労災保険全員加入	
	有給休暇	労働基準法に従い与える。	
	その他条件	賞与 有（無）　　昇給 有（無）　　退職金（有）無	
	締切日／支払日	毎月 20 日 締切 ／ 当月 末 日 支払	
その他	更新条件	（有）（会社の経営状態、本人の能力等を総合的勘案して、特に問題なければ更新するものとする） 無 （更新はしない） 更新上限の有無（なし）あり（更新　回まで／通算期間　年まで））	
	無期転換権	労働契約法第18条の規定により、有期雇用契約の契約期間が通算5年を超える場合には、従業員より申込みをすることにより、当該雇用契約期間の末日の翌日から期間の定めのない雇用契約（無期雇用契約）に転換されます。申込みは有期雇用契約の満了日の30日前までに行うこととする。	
	労働契約期間中に自己都合退職で退職するときはおそくとも30日までに、会社に報告し承諾を得なければならない。 会社の従業員としての適格性にかけるときや、就業規則の解雇理由に該当するときは、契約期間中でも解雇することがある。雇用に関する相談窓口は総務担当者が担当するものとする。		

令和 6 年 10 月 1 日

労働者 氏名　　　　　　　　　山田　花子　　　　　　　㊞
住所　　　　　　　　石川県金沢市〇〇町65

事業主 名称　　　　　　　　（株）　〇〇商事
氏名　　　　　　　　石川　太郎　　　　　　㊞

第5章　年収の壁該当者をいかに正社員転換に向けて育成していくか

図表38-2　労働契約書（Ⅱ型パート雇用）

契約期間	（自令和 **6** 年 **10** 月 **1** 日　至令和 **7** 年 **9** 月 **30** 日）又は　　期間の定めなし		
就業場所	雇入れ直後　　**本社**　　　　　変更の範囲　　会社の定める就業場所		
従事すべき 業務の内容	雇入れ直後　　**事務**　　　　　変更の範囲　　会社の定める就業業務		
勤務時間	始業・就業の時刻	**9**時 **00**分 より **14**時 **00**分まで（業務の都合により変更することがある）	
	休憩時間及び 所定労働時間	**12** 時 **00**分　より　**13** 時 **00** 分まで（週一回は3時間勤務） 1日 **4** 時間 **00**分 1週 **5** 日勤務で **19**時間 **00**分 勤務	
休日	毎週日曜日・祝祭日（その他会社カレンダーによる）1カ月の平均勤務日数 **21** 日間		
賃金	給与区分	時給 　又は　　　月給	
	基本給	（時給 **1,055** 円で 月額 **84,400** 円）又は　（月額　　　　円） <small>家族手当、通勤手当、残業手当などを除いて原則88,000円未満、以上のときは社会保険加入</small>	
	諸手当	**家族**手当 **10,000**円　　　手当　　　円 通勤手当　1. 全額支給　2. 定額支給　**5,000** 円 年収約 **119**万円（年収106万円以上になると社会保険に加入）	
	割増賃金率	労働基準法に従い支払う。実働8時間を超えたら法定時間外25%など	
	社会保険加入状況	社会保険（週の労働時間20時間、月額賃金88,000円以上のときに加入） 雇用保険（週20時間以上勤務で1カ月以上勤務するとき加入する） 労災保険全員加入	
	有給休暇	労働基準法に従い与える。	
	その他条件	賞与（有・無）　昇給（有・無）　退職金（有・無）	
	締切日／支払日	毎月 **20** 日 締切／ 当月 **末** 日 支払	
その他	更新条件	有（会社の経営状態、本人の能力等を総合的勘案して、特に問題なければ更新するものとする） 無（更新はしない） 更新上限の有無（なし・あり（更新　　回まで／通算期間　　年まで））	
	無期転換権	<small>労働契約法第18条の規定により、有期雇用契約の契約期間が通算5年を超える場合には、従業員から申込みることにより、当該雇用契約期間の末日の翌日から期間の定めのない雇用契約（無期雇用契約）に転換されます。申込みは有期雇用契約の満了の30日前までに行うこととする。</small>	
	労働契約期間中に自己都合退職で退職するときはおそくとも30日までに、会社に報告し承諾を得なければならない。会社の従業員としての適格性にかけるときや、就業規則の解雇理由に該当するときは、契約期間中でも解雇することがある。雇用に関する相談窓口は総務担当者が担当するものとする。		

令和 **6** 年 **10** 月 **1** 日

労働者 氏名　　山田 花子 **山田　花子**　　　　　　　㊞

　　　 j住所　　　　**石川県金沢市〇〇町65**

事業主 名称　　　　　**（株）〇〇商事**

　　　 氏名　　　　　　**石川　太郎**　　　　　　　㊞

このように、最低賃金により、年収の壁を意識した働き方をするのであれば、今後最低賃金が引き上げられるほど働き方がかなり限定されてくるのではないでしょうか。

　また、この契約書では、この本で紹介した退職金制度を仮に導入したものと仮定した契約書となっておりますのでよろしくお願い致します。

　そして、契約更新のたびに年収の壁を越えて働くかどうか、無期転換権をどうするかなど、話し合っていくことが、年収の壁該当者などとも信頼関係につながっていくのではないでしょうか。また、そのような日常のコミニケーションが重要ではないかと思います。

正社員移行や賃金引上げ、退職金制度導入に活用できるキャリアアップ助成金などの有効活用も検討

　社長さん、この節では、年収の壁該当者など非正規従業員さんを正規従業員に移行したときなどに活用できる厚生労働省の助成金について説明したいと思います。助成金は労働保険料などを財源として支給されるもので、経済産業省などからでる補助金と違って、支給条件に合致していれば原則支給されます。幸い政府も非正規雇用の方の労働条件の改善には力をいれており、比較的受給できるケースが多いような気がします。

第5章　年収の壁該当者をいかに正社員転換に向けて育成していくか

図表39　キャリアアップ助成金の概要

正社員化コース

就業規則または労働協約その他これに準ずるものに規定した制度に基づき、有期雇用労働者等を正社員化した場合に助成します。

1 支給額　1人当たりの助成額は以下のとおりです。

企業規模＼正社員化前雇用形態	有期雇用労働者	無期雇用労働者
中 小 企 業	80万円（40万円×2期）	40万円（20万円×2期）
大 企 業	60万円（30万円×2期）	30万円（15万円×2期）

1年度1事業所当たりの支給申請上限人数20名

2 加算額　1人当たりの加算額は以下のとおりです。

措置内容	有期雇用労働者	無期雇用労働者
① 派遣労働者を派遣先で正社員として直接雇用する場合	28万5,000円	
② 対象者が母子家庭の母等または父子家庭の父の場合	95,000円	47,500円
③ 人材開発支援助成金の訓練修了後に正社員化した場合（自発的職業能力開発訓練または定額制訓練以外の訓練修了後）	95,000円	47,500円
（自発的職業能力開発訓練または定額制訓練修了後）	11万円	55,000円
④ 正社員転換制度を新たに規定し、当該雇用区分に転換等した場合（1事業所当たり1回のみ）	20万円（大企業15万円）	
⑤ 多様な正社員制度（※）を新たに規定し、当該雇用区分に転換等した場合（1事業所当たり1回のみ）※ 勤務地限定・職務限定・短時間正社員いずれか1つ以上の制度	40万円（大企業30万円）	

賃金規定等改定コース

有期雇用労働者等の基本給の賃金規定等を3％以上増額改定し、その規定を適用させた場合に助成します。

1 支給額　1人当たりの助成額は以下のとおりです。

企業規模＼賃金引き上げ率	3％以上5％未満	5％以上
中 小 企 業	5万円	6万5,000 円
大 企 業	3万3,000 円	4万3,000 円

※1年度1事業所あたり100人までは複数回支給申請ができます

2 加算額　1事業所当たりの助成額は以下のとおりです。　※1事業所あたり1回のみ

企 業 規 模	職務評価の手法の活用により賃金規定等を増額改定した場合
中 小 企 業	20万円
大 企 業	15万円

（厚生労働省パンフレットより）

図表40

賃金規定等共通化コース

就業規則または労働協約の定めるところにより、雇用するすべての有期雇用労働者等に、正規雇用労働者と共通の職務等に応じた賃金規定等を新たに作成し、適用した場合に助成します。

支給額　1事業所当たりの助成額は以下のとおりです。　※1事業所あたり1回のみ

企業規模	支給額
中小企業	60万円
大企業	45万円

賞与・退職金制度導入コース

就業規則または労働協約の定めるところにより、すべての有期雇用労働者等に関して、賞与・退職金制度を新たに設け、支給または積立てを実施した場合に助成します。

支給額　1事業所当たりの助成額は以下のとおりです。　※1事業所あたり1回のみ

企業規模　制度	賞与又は退職金制度いずれかを導入	賞与及び退職金制度を同時に導入
中小企業	40万円	56万8,000円
大企業	30万円	42万6,000円

※　「賞与・退職金」の定義は、P.8をご参照ください。
※　過去、本助成金の「諸手当制度共通化コース」および「諸手当制度等共通化コース」の支給を受けている場合は、本コースの支給対象外となります。（健康診断制度を新設実施した場合の助成のみを受けている場合を除く。）

社会保険適用時処遇改善コース

雇用する短時間労働者に、以下のいずれかの取り組みを講じた場合に助成します。

・新たに社会保険の被保険者要件を満たし、その被保険者となった際に、賃金総額を増加させる取り組み（手当支給・賃上げ・労働時間延長）を行った場合

・週の所定労働時間を4時間以上延長する等を実施し、これにより当該労働者が社会保険の被保険者要件を満たし、その被保険者となった場合

支給額　1人当たりの助成額は以下のとおりです。　※ 令和8年3月31日までの暫定措置。

（1）手当等支給メニュー

企業規模	① 1年目の取組	② 2年目の取組	③ 3年目の取組
中小企業	40万円（10万円×4期）		10万円
大企業	30万円（7.5万円×4期）		7.5万円

①、②：労働者負担分の社会保険料相当額（標準報酬月額等の15%以上）の手当支給又は賃上げ
③：基本給の総支給額の18%以上増額（賃上げ等、労働時間延長あるいはその両方による増額）

（2）労働時間延長メニュー

企業規模　延長時間　賃金引き上げ率	4時間以上	3時間以上4時間未満	2時間以上3時間未満	1時間以上2時間未満
	-	5%以上	10%以上	15%以上
中小企業	30万円			
大企業	22.5万円			

※社会保険加入後、1年目に（1）①、2年目に（2）の取組を行った場合も助成（最大50万円）。

（厚生労働省パンフレットより）

第5章　年収の壁該当者をいかに正社員転換に向けて育成していくか

今回ご紹介の助成金は令和6年4月現在の制度であり今後どのようになっていくかわかりませんが、各種キャリアップ助成金についてご紹介したいと思います。

その1　正規雇用等転換コース

正規雇用等に転換または直接雇用する制度を規定して有機契約労働者等を正規雇用等に転換等した場合に助成されます。

支給額

① 有期　→　正規：1人当たり80万円＜60万円＞

② 無期　→　正規：1人当たり40万円＜30万円＞

①、②を合わせて、1年度1事業所当たりの支給申請上限人数は20人まで。　＜　　　　万円＞は大企業のとき

この制度は要するに、年収の壁該当者などのパートさんをこの本のテーマの一つである正規従業員に移行していった時に会社に助成されます。1年で2人該当すればなんと160万円にもなります。

その2　賃金規定等改訂コース

すべてまたは一部の有期雇用労働者等の基本給の賃金規定等を3％以上増額改定し、昇給した場合に助成されます。

支給額

① 3％から5％未満：1人当たり5万円＜33,000円＞

② 5％以上：1人当たり6万5,000円＜43,000円＞

139

　　　　１年度１事業所当たり100人まで、申請回数は１年度
　　　　１回のみ、

　この助成金は昨今の物価高・インフレなどを考えて非正規
従業員さんの賃金を引き上げるときは是非検討してみるべき
制度です。かりにパートさん３人の時給を３％アップすると
　　　　50,000円×３＝150,000円になります。

その３　賃金規定等共通化コース

　就業規則または労働契約の定めるところにより、年収の壁
該当者などすべての有期雇用労働者に正社員と共通の職務等
に応じた賃金規定等を新たに作成し、適用したとき支給され
ます。

　支給額　　60万円＜45万円＞

その４　賞与・退職金制度導入コース

　有期雇用労働者等に関して賞与・退職金制度を新たに設
け、支給または積立てを実施した場合に助成するものです。

　支給額　　１事業所当たり40万円＜30万円＞

　　　　　　１事業所当たり１回のみ

　　　　　　両制度を同時に導入した場合

　　　　　　１事業所当たり56万8,000円＜42万6,000円＞

　年収の壁該当者など非正規従業員さんにこの本で紹介した
ような月額加入比例方式で毎月の積立制度をとり入れた退職
金制度を導入したときは40万円の助成となることがあります。

　社会保険適用時処遇改善コースは**図表29**で紹介済なので

140

割愛します。

　申請は取組後6か月間の賃金を支払った日の翌日から起算して2か月以内に申請します。コースによってはさらに6か月経過した日の翌日から2か月以内に2回目の申請を実施することになります。

　以上キャリアアップ助成金の代表的な制度を紹介しました。私のこの本をここまでお読みいただいた社長さんが、この本でご紹介した正社員転換や賃金規定等コースなどの時給アップをやってみようとお考えであれば、是非これらの助成金も有効に活用されたたらいいのではないかと思います。

　もし、やってみようと思われましたら、最寄りの労働局に事前に相談するとか、筆者のような専門家に相談されることをお勧めします。事前にキャリアアップの計画の作成・届出等ありますので、それらのステップを踏んでいないと、折角制度を導入したが、ちょっとした勘違いで支給されないということがよくあります。

　いかがでしょうか？　社長さん、非正規従業員さんに関係した代表的な助成金を紹介しました。

　このように、政府も年収の壁該当者など非正規従業員さんの雇用対策には力を入れてくれているのです。

5. 同一労働同一賃金は年収の壁該当者にはどのような影響があるのか

2018年7月6日に働き方改革関連法が公布され約6年が経過しました。**図表41**のような流れでした。この6年間で大きく働き方が変わっていったのではないでしょうか。

これは、この本のテーマである、年収の壁の該当者においてもいえるのではないでしょうか。有給休暇を1年間に最低5日付与することなど昨今では定着してきた感があります。

この働き方改革では2019年年次有給休暇の5日間取得の義務化、および労働時間上限規制の義務化などが実施されてきました。この図表のように、同一労働同一賃金については大企業は令和2年4月、中小企業は令和3年4月から改正法が施行されています。

簡単に言えば、この法律の内容は年収の壁該当者など非正規労働者と正規労働者との間で同じ仕事をしていて、不合理な待遇格差をしてはならないというものであります。

年収の壁該当者であれば、一般的には1年または6か月ごとの有期雇用契約の再雇用になってくるので、正規と非正規との同一労働同一賃金の法律の対象職種に該当することになります。

ここで、嘱託再雇用の平成30年の最高裁の長澤運輸事件では、再雇用における、手当等の処遇について（**図表42**参照）

142

第5章　年収の壁該当者をいかに正社員転換に向けて育成していくか

図表41

働き方改革関連法公布スケジュール						
項目	2019年4月	2020年4月	2021年4月	2022年4月	2023年4月	2024年4月
年次有給休暇の5日間取得義務（共通）	⟶					
労働時間の上限規制（中小企業）		⟶				
労働時間の上限規制（大企業）	⟶					
高度プロフッショナル制度（共通）	⟶					
医師面接見直し・時間把握（共通）	⟶					
同一労働同一賃金（中小企業）			⟶			
同一労働同一賃金（大企業）		⟶				
賃金債権時効延長（別法案共通）		⟶				
月60時間超割増率引き上げ（中小企業）					⟶	
限度基準適用除外見直し（共通）						⟶

のような判決内容でしたので紹介したいと思います。

　第1審では、ほとんどの手当が支払わないのは不合理と判断され、第2審では逆に不合理ではないと判断されました。最高裁では精勤手当と超勤手当が最終的には不合理と判断され支払うべきとなりました。

　最高裁の判決ではまず、職務の内容等の賃金について裁判所の考え方は業務の内容および業務の責任の程度に相違なしであり、（再雇用後も勤務場所等の変更あり）　定年再雇用後の減額は79％程度であり、契約社員には等級制度なしで職務の内容等以外の「その他の事情」も判断要素となり、有期雇

143

図表42　同一労働同一賃金の裁判の判決
　　　　　長澤運輸事件

再雇用嘱託社員

賃金項目	1審	2審	最高裁
能率給	×	○	○
職務給	×	○	○
精勤手当	×	○	×
住宅手当	×	○	○
家族手当	×	○	○
役付手当	×	○	○
超勤手当	×	○	×
賞与	×	○	○

○正規従業員と同条件で支払う必要なし（不合理ではない）
×支払うべき（不合理である）

用者が定年再雇用者であることは「その他の事情」にあたる長期雇用を前提としていないものであり、年金受給予定者などの事情からも賃金の不合理性は総額比較のみではなく、賃金項目の趣旨を個別に判断すべきであるとした。ある意味再雇用においての賃金の減額は止むを得ないとしています。

　次に、賃金・能率給・職務給の裁判所の考え方としては、定年前より上回る基本賃金、歩合給係数の有利な設定、再雇用後の減額は2％〜12％であり、年金支給まで支給される手当などがあり、これらの要素から、収入の安定への配慮、成

果が反映されやすい工夫などを裁判所は評価し、職務内容等が定年前と同一であっても、能率給・職務給の不支給は不合理ではない（払う必要なし）と判断しました。

精勤手当については、職務内容等が同一であれば、皆勤奨励する必要性は正社員・嘱託間で相違なしでの不支給は不合理である（払う必要あり）と判断されました。

超勤手当（時間外手当）については計算基礎に精勤手当が含まれないのは不合理である（支払う必要がある）と判断されました。

賞与については、嘱託は年金支給が予定されている定年再雇用者であり、収入の安定や成果反映などを会社が配慮や工夫をしているため職務内容等が定年前と同一であっても、不支給は不合理ではない（払う必要なし）と判断されました。

この事例は運送会社の再雇用者の事例でありましたが、これらの判例を踏まえて考えていくならば、基本的には、再雇用後も同じ時間同じ仕事内容で再雇用するときは、手当に関しては、再雇用後も同じとするべきではないかと思います。例えば役職がなくなった役職手当とか、子供が大きくなり扶養家族がいなくなった家族手当とかを、再雇用で除外することは合理的な理由があるので問題はないと考えます。

しかし、年収壁該当者などの雇用対策としては、年収の上限があるので、同一労働同一賃金に対応の上で諸手当も十分考慮した独自の逆算式賃金制度などの賃金対策が今以上に必

要になってくるのではないでしょうか。

6. 超労働力不足の時代を前に、アルバイト・パートさんの労務管理が重要に

　日本は超労働力不足の時代が目の前にきています。正規雇用だけでなく非正規雇用であるアルバイト・パートさんまでも視野にいれたしっかりした労務管理を考えないと経営ができない時代がやってきたのです。

　年収の壁の対象者の人事制度である労務管理は一般の従業員とは、異質な側面があります。なんといっても賃金の上限があるという現実があります。一般的な人事制度は、評価がよければ賃金がアップしていくということでモチベーションを高めていくという考え方になってきますが、年収の壁まで働いている方にはどのような人事制度がいいのか、迷うところではないでしょうか。

　このような年収の壁で働く方は、子供さんがまだ小さいとか、介護の問題があるとかが、ネックになっています。しかし、いずれのケースも数年が経過すれば、環境は変化していきます。

　3年後には、正社員としてフルに働ける環境下になっていることも十分予想されます。

　ですので、年収の壁対象者の人事制度は数年間の一時的対

応であることを前提に考えていくべきではないかと考えます。

　それでは、どのような人事制度が必要かですが、私は、賃金のアップができないのであれば、子供さんの育児休業制度とか親の介護休暇制度とか、あるいは有給休暇制度などをしっかりとらせるなどの、働きやすい職場環境の取組が重要課題になってくるのではないかと考えます。

　例えば出産であれば下記のような制度があります。

　下記の出産育児一時金と出産手当金は、年収の壁対象者のうち社会保険には加入していて税法の壁150万円とか201万円にあたる方のケースとしております。

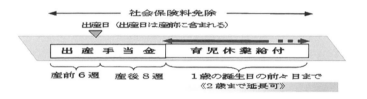

●出産育児一時金（健康保険による給付）
〔対象者〕
被保険者・被扶養者で出産した方（妊娠4か月＝85日以上の死産・流産含む）
〔給付金額〕
一児につき48.8万円＋1.2万円（産科医療補償制度加入分）
〜双子の場合は各々2倍（100万円）

●出産手当金（健康保険による給付）

〔対象者〕

被保険者（任意継続被保険者除く）で出産された方（妊娠4か月以上の死産・流産含む）　※　被扶養者の方が出産された場合は「出産育児一時金」の給付のみです。

〔条件〕

　次の2つの条件を満たした方

　①　出産のため仕事についていない

　②　給料をもらっていない

〔給付期間〕

98日間（産前42日＋産後56日）

※多胎妊娠は154日間（産前98日＋産後56日）

※出産日が予定より遅れた場合は、その日数を産前に加算（出産当日までを産前と考える）

〔給付金額〕

　1日あたり、支給開始日以前1年間の標準報酬月額の平均÷30日×2/3

●育児休業給付金（雇用保険による給付）

〔対象者〕

1歳未満の子を養育するために、育児休業を取得した被保険者

　（休業取得者は、男女問いません。また、子が実子であるか養子であるかも問いません）

第5章　年収の壁該当者をいかに正社員転換に向けて育成していくか

〔条件〕

以下のすべての条件を満たす方

① 育児休業開始日前2年間に、賃金支払い基礎日数11日以上の月が12か月以上あること

② 各支給単位期間に、就業している日が10日以下であること

10日を超えて就業した場合、就業時間が80時間以下であること

③ 各支給単位期間に、休業開始時賃金の80%以上の給料が支払われていないこと

〔給付期間〕

開始日　　労働基準法上の産後休業終了の翌日（＝出産日の翌日から57日目）（男性の場合は、出産日当日から可）

終了日　　子の1歳の誕生日の前々日

（2歳まで延長可、一定要件あり）

〔給付金額〕

休業開始時賃金日額×支給日数×67%

（ただし、育児休業の開始から6か月経過後は50%）

●産前産後休業・育児休業期間中の保険料免除制度

産前産後休業・育児休業期間中（休業を開始した日の属する月分～休業終了日の翌日が属する月の前月分まで）は、申請により健康保険料・厚生年金保険料が免除となります。

（最長3歳になるまで）

これに加えて、育児休業を開始した日の属する月内に、14日以上（休業期間中に就業予定日がある場合は当該就業日を除きます。土日等の休日は期間に含めます）の育児休業を取得した場合も、当該月の保険料が免除されます。

以上のように年収の壁で働いているケースでは、前記のような制度を有効活用した出産・育児休業は仕事をしていくうえで、最も重要な課題の一つではないでしょうか。

しかし、仕事柄多くの顧問先をみていると、社長さんが十分にこのような制度があることを理解して対応している事業所は大変少ないように思います。

このような、職員の家族状況などを十分理解して、育児休業制度をしっかり活用することが、私はある意味、賃金の上限額がある、職員の最大の労務管理及び人事制度につながっていくのではないかと思います。会社は私たち非正規職員によくしてくれていると思うのではないでしょうか。数年経過すれば、子供さんの状況もかわり、やがて年収の壁を越えて働いてくれるのではないでしょうか。

次に有給休暇制度ですが、社長さんのなかには、いまだにパートさんは有給休暇は対象外などと思っている方がおられます。また、わが社はパートさんには有給休暇制度はないなどといった社長さんがいまだにおられます。

働き方改革で、年間5日間の有給休暇の付与義務がありま

第5章　年収の壁該当者をいかに正社員転換に向けて育成していくか

図表43

所定労働時間	所定労働日数	1年間の所定労働日数	雇入れの日から起算した継続勤務期間						
			6ヵ月	1年6ヵ月	2年6ヵ月	3年6ヵ月	4年6ヵ月	5年6ヵ月	6年6か月以上
30時間以上			10日	11日	12日	14日	16日	18日	20日
30時間未満	5日以上	217日以上							
	4日	169〜216日	7日	8日	9日	10日	12日	13日	15日
	3日	121〜168日	5日	6日	6日	8日	9日	10日	11日
	2日	73〜120日	3日	4日	4日	5日	6日	6日	7日
	1日	43〜72日	1日	2日	2日	2日	3日	3日	3日

すが、パートさんなどにしっかり有給休暇制度の対応がなされているでしょうか。

●有給休暇制度

　図表43のように、週30時間未満のパートさんでも有給休暇制度が適用となります。このような制度をしっかり付与していくことも、年収の壁該当者への最も効果的な労務管理、人事制度につながっていくのではないでしょうか。ただし30時間未満の会社側からの5日付与の対象者は有給休暇日数10日以上の方が対象者となっております。

151

7. 年収の壁該当者へのしっかりとした取組みは、人材の定着と育成につながる

　年収の壁対象者には、きめ細やかな職場環境の整備が、最大の労務管理、人事制度になるのではないかと述べてきましたが、数年経過すれば、働く環境は変化して、もはや年収の壁を越えて働いても問題のない、社員になってくるのではないかと思います。

　正社員転換制度にともなう、助成金の内容を記載しましたが、私は、年収の壁該当者が、規模要件に関係なく社会保険に加入する時代になっていくならば、今後短時間正社員制度の導入は検討の余地があるのではないかと考えます。

　そもそも、非正規社員と正社員の違いとはいったいどのようなものでしょうか。これまでは多くの中小企業では、正社員になったので社会保険に加入するといった認識の会社が多いのが現実であります。非正規と正規の違いは下記のような内容ではないでしょうか。

正規社員

　正規社員は、雇用期間の定めがない契約で、終身雇用となります。自己都合で退職するか、解雇にならない限り、定年まで雇用は継続します。

非正規社員

　非正規社員は、雇用契約で、１年、６か月などと雇用期間

が定められ、会社側の都合で契約が更新されない可能性があります。また、労働時間が正規社員よりも短いケースが多いのではないでしょうか。給与体系や、ボーナス、退職金制度などが正社員とは相違しています。

短時間正社員制度とは、簡単にいえば、正規社員と比べて勤務時間だけが若干短い職員をさし、給与体系などは同じ処遇であります。

現在のところあまり導入されておりませんが、社会保険の加入の規模条件が今後なくなっていくのであれば、前記のような、雇用条件の短時間正社員制度という制度を導入されてもいいのではないでしょうか。

年収の壁該当者などの受け皿としては、非常にいい制度で、昨今の人手不足対策にもつながっていくのではないでしょうか。

ただし、プライベートも充実させたいとか、色々な仕事を体験したいとか、本業があるなど扶養内で働きたいケースは別として、スキルアップのための身近な制度としてこのような短時間正社員制度の取組みは、有効な人事制度ではないかと考えます。また、この本で紹介しているキャリアアップ助成金の正社員化コースに該当するケースもでてくるのではないでしょうか。

ちなみに、厚生労働者の短時間正社員制度導入・運用支援マニュアルによりますと、短時間正社員の定義を下記のよう

に定めております。

●期間の定めのない労働契約（無期労働契約）を締結している

●時間当たりの基本給及び賞与・退職金等の算定方法等がフルタイム正社員と同等

なお、短時間正社員の働き方には、1日の所定労働時間を短縮する「短時間勤務」と1週間の労働日数を短縮する「短日勤務」とがあります。

厚生労働省の多様な働き方の実現応援サイトには以下のような、人材活用上の課題と「短時間正社員制度」の導入により対応できる理由としての内容が紹介されております。

図表44では8分野に分けて紹介してありますが、短時間正社員制度というのは、いろいろ、活用できる人事制度になってくるのではないでしょうか。

また、NO.7とNO.8はまさしくこの本のテーマである、年収の壁の対象者に該当してくるのではないでしょうか。

また、過日の新聞報道によりますと、2024年5月24日、参院本会議において育児と仕事の両立支援を強化する育児・介護休業法などの改正法が可決、成立し、全企業に義務付けになるようです。制度導入の施行日は令和7年4月1日以降を予定しているようです。その下記の内容です。

1、残業免除の延長：残業免除の申請期間を現行の「3歳になるまで」から「小学校入学前まで」に延長。

第5章　年収の壁該当者をいかに正社員転換に向けて育成していくか

図表44　短時間正社員制度が解決する人材活用上の課題

NO.	人材活用上の課題	対象者	主な目的	短時間正社員制度の導入により課題に対応できる理由
1	子育て期の社員の離職を防止し、定着を促進したい	フルタイム正社員	定着（育児支援）	●職場の子育て支援に対するニーズとして「正社員のままでの短時間勤務」のニーズは高い。●短時間正社員制度を適用することで、育児による離職を防ぎ、育児と両立しながら働くことを支援できる。
2	親等の介護を行う社員の離職を防止し、定着を促進したい	フルタイム正社員	定着（介護支援）	●要介護認定者が年々増加傾向にあり、親等の介護に直面する社員の増加が見込まれる。●短時間正社員制度を適用することで、介護による離職を防ぎ、介護と両立しながら働くことを支援できる。
3	自己啓発やボランティア活動等の機会を提供することで、社員の働き方の幅を広げ、社員のモチベーションや定着率を向上させたい	フルタイム正社員	定着・モチベーション向上（自己啓発・ボランティア支援等）	●必要とあれる能力が変化・高度化し、ライフスタイル化が多様化する中で、能力開発や、キャリアに対する意識やボランティア活動等への参加ニーズが高まっている。●短時間正社員制度を適用することで、社員がこれらに必要な時間を確保できることにより、働き方やキャリアの幅を広げることができ、社員のモチベーションや定着率の向上を促すことができる。
4	心身の健康不全からのスムーズな職場復帰を促したい	フルタイム正社員	定着（心身の健康不全対策）	●メンタルヘルス上の理由により休職する労働者は増加傾向にある。●心身の健康不全で休職した社員を復職と同時にフルタイム勤務に戻すのではなく、短時間正社員制度を適用することで、健康不全の再発を防ぎ、スムーズな職場復帰を徐々に図ることができる。
5	フルタイムでは働けない意欲・能力の高い労働者を新たに正社員として入社させたい	入職者（外部労働市場）	新たな正社員の獲得（外部労働市場）	●将来の労働力不足の深刻化が予想される一方、「勤務時間や休日などが希望とあわない」ために仕事に就けない人が多くなっている。●フルタイム勤務では働けない、働きたくない層にまで「正社員」の募集範囲を拡大することで、意欲・能力の高い正社員を獲得できる可能性が広がる。
6	60歳以上の高齢者のモチベーションを維持・向上させたい改正高年齢者雇用安定法により良く対応したい	高齢者	法対応・モチベーション向上（高齢者雇用）	●高齢者の中には、フルタイム勤務でない働き方を希望する方も多い。●専門性や生産性の高い高齢者に対して、短時間正社員制度を適用することで、モチベーションの維持、向上を図ることができる。
7	意欲・能力の高いパートタイム労働者のモチベーションを向上させ、定着を促したい	パートタイム労働者	人材獲得・定着・モチベーション向上（パートの活用）	●パートタイム労働者のままでは十分に活用・処遇できない意欲・能力の高いパートタイムの労働者に対して短時間正社員制度を適用することで、フルタイム正社員と均衡のとれた処遇を実現し、モチベーションの向上・定着を図ることができる。●将来のステップアップ（キャリアアップ）への期待から、全てのパートタイム労働者のモチベーションを高め定着率の向上を図ることができる。
8	改正労働契約法の「無期労働契約への転換」により良く対応したい	有期雇用労働者（パートタイム労働者）	法対応・モチベーション向上（パートの活用）	●改正労働契約法に基づいて無期労働契約に転換する場合、より効果的な人材活用を図るためには、転換する社員の仕事・処遇の見直しを行い、短時間正社員制度を導入することが有益な選択肢となる。

（厚生労働省「多様な働き方の実現応援サイト」より）

2、**看護休暇の拡大**：子が病気などの場合に年5日まで

　取得できる看護休暇を、「小学校入学前まで」から「小学校3年生まで」に延長。この看護休暇は子の病気のほか、感染症流行による学級閉鎖や入学式や卒園式などの行事参加などでも利用可能となります。

3、**テレワークの導入**：3歳になるまでの子を養育する労働者に対して、事業主が講ずる措置（努力義務）の内容にテレワークを追加。

4、**個別の意向の聴取と配慮**：妊娠・出産の申出時や子が3歳になる前に、労働者の仕事と育児の両立に関する個別の意向の聴取・配慮を事業主に義務付け。

　このようなことがすべての企業に義務づけられることになります。まさにこの本のテーマである年収の壁の該当者への法改正ではないかと感じました。私は年収の壁該当者を雇用している企業は、このような制度をしっかり定着させることが、ある意味一番の労務対策になってくるのではないかと思います。

　年収の壁の対策についていろいろ思いつくことをこれまで記載してきましたが、年収の壁にどのように対応するべきか悩んでいた方が、今後の働き方の方向性について考えるうえでこの本がいくらかでもお役にたてれば幸いです。また、この本を手に取っていただいた、総務担当者や社長さんの業務

にご参考にできるものがいくつかありましたでしょうか。い
くらかでもご参考にできるものがあれば、著者としてこのう
えない喜びであります。

　最後までお付き合いいただき、大変ありがとうございまし
た。

まとめ

　年収の壁の範囲内で働いているパート・アルバイトさ
んなども長期的視点からみれば、家庭環境の変化により
やがて年収の壁を意識しない働き方を希望される方も増
加していくと思われます。そのようななかで、正社員と
か短時間正社員とかにキャリアップしていく、人材育成
の取組みが、人手不足の今日の日本では非常に重要な取
組みとなってくるのではないでしょうか。

【参考資料】（再掲）

●逆算式賃金制度の基本的な考え方

年収の壁103万・106万・130万・150万を時給単価で除して、総労働時間上限を算出
算出された総労働時間を勤務可能労働日数で除して、1日の所定労働時間を算出

年収の壁 月収	÷	時給単価	=	総労働時間上限
万		円		時間

労働時間 上限	÷	勤務可能労 働日数	=	所定労働時間
時間		日		時間

提案賃金

時給単価	週所定労働 時間	週所定勤務日数
円	時間	日

手当	手当	月収
万	万	万

賞与	年収
万	万

第5章　年収の壁該当者をいかに正社員転換に向けて育成していくか

●逆算式賃金制度〈Ⅰ型扶養〉

時給単価からの逆算　　労働時間上限（週30時間未満）から逆算　　（1日8時間勤務、月21日勤務の会社のとき）

	賃金	上限賃金で何時間働けるか（労働時間の上限）	働ける勤務日数（1日4時間の時）	働ける勤務日数（1日5時間の時）	働ける勤務日数（1日5.5時間の時）	働ける勤務日数（1日8時間のとき）	労働時間の決定	月額賃金の決定	手当	合計賃金
時給（最低賃金）（全国平均）	1055円	102時間	25.5日	20.4日	18.5日	12.7日				
時給（最低賃金）（沖縄）	952円	113時間	28.2日	22.6日	20.5日	14.1日				
時給（最低賃金）（石川）	984円	110時間	27.5日	22日	20日	13.7日				
時給（最低賃金）（東京）	1163円	93時間	23.2日	18.6日	16.9日	11.6日				
あなたの会社の時給										

月給からの逆算　　賃金月額の上限（108,333円未満）から逆算

	賃金	上限賃金で何時間働けるか	1日4時間で月21×4＝84時間とする	1日5時間で月21×5＝105時間とする	1日5.5時間で月21×5.5＝115.5時間とする	1日8時間で月15×8＝120時間とする	労働時間の決定	月額賃金の決定	手当	合計賃金
月給	108,000円	1日4時間　84時間／1日5時間　105時間／1日5.5時間　115.5時間／1日8時間　120時間	1285円	1028円	935円	900円				
月給	100000円	1日4時間　84時間／1日5時間　105時間／1日5.5時間　115.5時間／1日8時間　120時間	1190円	952円	865円	833円				
月給	90000円	1日4時間　84時間／1日5時間　105時間／1日5.5時間　115.5時間／1日8時間　120時間	1071円	857円	779円	750円				
月給	80000円	1日4時間　84時間／1日5時間　105時間／1日5.5時間　115.5時間／1日8時間　120時間	952円	761円	692円	666円				
あなたの会社の月給		1日4時間　84時間／1日5時間　105時間／1日5.5時間　115.5時間／1日8時間　120時間								

氏名	基本給		手当	手当	月額賃金	賞与	年収
様	時給		円	円	円	円	円
	月給		円	円	円	円	円

社会保険の壁Ⅰ型事業所は原則手当含めて月額108,000円未満かオーバーしても年収130万未満

税務の壁　　103万円150万円の壁、通勤手当は含めない

159

●逆算式賃金制度 〈Ⅱ型扶養〉

時給単価からの逆算　　労働時間上限（週20時間以内）から逆算　　(1日8時間勤務、月21日勤務の会社のとき)

	賃金	上限賃金で何時間働けるか（労働時間の上限）	働ける勤務日数（1日4：00時間の時）	働ける勤務日数（1日3：50時間の時）	働ける勤務日数（1日3：30時間の時）	働ける勤務日数（1日3時間の時）	働ける勤務日数（1日8時間のとき）	労働時間の決定	月額賃金の決定	手当	合計賃金
時給（最低賃金）（全国平均）	1055円	83時間	20.7日	21.6日	23.7日	27.6日	10.3日				
時給（最低賃金）（沖縄）	952円	92時間	23日	24.0日	26.2日	30.6日	11.5日				
時給（最低賃金）（石川）	984円	89時間	22.2日	23.2日	25.4日	29.6日	11.1日				
時給（最低賃金）（東京）	1163円	75時間	18.7日	19.5日	21.4日	25日	9.3日				
あなたの会社の時給											

月給からの逆算　　賃金月額の上限（88,000円未満）から逆算

	賃金	上限賃金で何時間働けるか	1日4：00時間で 月21×4：00＝84時間とする	1日3：50時間で 月21×3：50＝80.4時間とする	1日3：30時間で 時間とする	1日3時間で 月21×3.5＝73.5時間する	1日8時間で 月9×8＝72時間とする	労働時間の決定	月額賃金の決定	手当	合計賃金
月給	87,000円	1日3：50時間 80.4時間／1日3：30時間 73.5時間／1日3時間 63時間／1日8時間 72時間	1035円	1082円	1183円	1380円	1208円				
月給	80,000円	1日3：50時間 80.4時間／1日3：30時間 73.5時間／1日3時間 63時間／1日8時間 72時間	952円	995円	1088円	1269円	1111円				
月給	70,000円	1日3：50時間 80.4時間／1日3：30時間 73.5時間／1日3時間 63時間／1日8時間 72時間	833円	870円	952円	1111円	972円				
月給	60,000円	1日3：50時間 80.4時間／1日3：30時間 73.5時間／1日3時間 63時間／1日8時間 72時間	714円	746円	816円	952円	833円				
あなたの会社の月給		1日3：50時間 80.4時間／1日3：30時間 73.5時間／1日3時間 63時間／1日8時間 72時間									

氏名		基本給	手当	手当	手当	月額賃金	賞与	年収
様	時給	円	円	円	円	円	円	円
	月給	円	円	円	円	円	円	円

社会保険のⅡ事業所は原則通勤手当、家族手当、残業手当含めないで月額88,000円未満,賞与は含めない。

税務の壁　103万円150万円の壁、通勤手当は含めない

第5章　年収の壁該当者をいかに正社員転換に向けて育成していくか

●逆算式賃金制度〈Ⅲ型扶養〉

時給単価からの逆算　　　　　労働時間上限（週30時間未満）から逆算　　　　　　　　（1日8時間勤務、月21日勤務の会社のとき）

	賃金	上限賃金で何時間働けるか（労働時間の上限）	働ける勤務日数（1日4時間の時）	働ける勤務日数（1日5時間の時）	働ける勤務日数（1日5.5時間の時）	働ける勤務日数（1日8時間のとき）	労働時間の決定	月額賃金の決定	手当	合計賃金
時給（最低賃金）（全国平均）	1055円	102時間	25.5日	20.4日	18.5日	12.7日				
時給（最低賃金）（沖縄）	952円	113時間	28.2日	22.6日	20.5日	14.1日				
時給（最低賃金）（石川）	984円	110時間	27.5日	22日	20日	13.7日				
時給（最低賃金）（東京）	1163円	93時間	23.2日	18.6日	16.9日	11.6日				
あなたの会社の時給										

月給からの逆算　　　　　賃金月額の上限（108,333円未満）から逆算

	賃金	上限賃金で何時間働けるか	1日4時間で月21×4＝84時間とする	1日5時間で月21×5＝105時間とする	1日5.5時間で月21×5.5＝115.5時間とする	1日8時間で月15×8＝120時間とする	労働時間の決定	月額賃金の決定	手当	合計賃金
月給	108,000円	1日4時間　84時間 / 1日5時間　105時間 / 1日5.5時間　115.5時間 / 1日8時間　120時間	1285円	1028円	935円	900円				
月給	100000円	1日4時間　84時間 / 1日5時間　105時間 / 1日5.5時間　115.5時間 / 1日8時間　120時間	1190円	952円	865円	833円				
月給	90000円	1日4時間　84時間 / 1日5時間　105時間 / 1日5.5時間　115.5時間 / 1日8時間　120時間	1071円	857円	779円	750円				
月給	80000円	1日4時間　84時間 / 1日5時間　105時間 / 1日5.5時間　115.5時間 / 1日8時間　120時間	952円	761円	692円	666円				
あなたの会社の月給		1日4時間　84時間 / 1日5時間　105時間 / 1日5.5時間　115.5時間 / 1日8時間　120時間								

氏名		基本給	手当	手当	月額賃金	賞与	年収
様	時給	円	円		円	円	円
	月給	円	円		円	円	円

社会保険の壁Ⅲ型事業所は原則手当含めて年収130万未満

税務の壁　103万円150万円の壁、通勤手当は含めない

161

●労働契約書〈Ⅰ型パート雇用〉

契約期間	(自令和　　年　　月　　日　至令和　　年　　月　　日)　又は　　　　期間の定めなし		
就業場所	雇入れ直後　　　　　　　変更の範囲　　会社の定める就業場所		
従事すべき 業務の内容	雇入れ直後　　　　　　　変更の範囲　　会社の定める就業業務		
勤務時間	始業・就業の時刻	時　　分より　　時　　分まで(業務の都合により変更することがある)	
	休憩時間及び 所定労働時間	時　　分　より　　　時　　分まで 1日　　時間　　分 1週　　日勤務で　時間　　分 勤務	
休日	毎週日曜日・祝祭日　(その他会社カレンダーによる)1ヵ月の平均勤務日数　　日間		
賃金	給与区分	時給　又は　　月給	
	基本給	(時給　　円で 月額　　　　円) 又は　　(月額　　　　円)	
		手当　　　円　　　　　　　手当　　　円 通勤手当　1. 全額支給　2. 定額支給　　　　円 年収約　　　　　円(手当込みで130万円以上になると扶養から離脱します。)	
	割増賃金率	労働基準法に従い支払う。 実働8時間を超えたら法定時間外25%など	
	社会保険加入状況	社会保険　(社会保険適用の労働時間の時は加入する) 雇用保険　(週20時間以上勤務で1ヵ月以上勤務するとき加入する) 労災保険全員加入	
	有給休暇	労働基準法に従い与える。	
	その他条件	賞与　(有・無)　　昇給　(有・無)　　退職金　(有・無)	
	締切日／支払日	毎月　　日 締切 ／ 当月　　日 支払	
その他	更新条件	有　(会社の経営状態、本人の能力等を総合的に勘案して、特に問題なければ更新するものとする) 無　(更新はしない) 更新上限の有無(なし・あり(更新　　回まで／通算期間　　年まで))	
	無期転換権	労働契約法第18条の規定により、有期雇用契約の契約期間が通算5年を超える場合には、従業員から申込みすることにより、当該雇用契約期間の末日の翌日から期間の定めのない雇用契約(無期雇用契約)に転換されます。申込みは有期雇用契約の満了日の30日前までに行うこととする。	
	労働契約期間中に自己都合退職で退職するときはおそくとも30日までに、会社に報告し承諾を得なければならない。会社の従業員としての適格性にかけるときや、就業規則の解雇理由に該当するときは、契約期間中でも解雇することがある。雇用に関する相談窓口は総務担当者が担当するものとする。		

　　年　　　月　　　日

労働者　氏名　　　　　　　　　　　　　　　　　　印

　　　　住所

事業主　名称

　　　　氏名　　　　　　　　　　　　　　　　　　印

第5章　年収の壁該当者をいかに正社員転換に向けて育成していくか

●労働契約書〈Ⅱ型パート雇用〉

契約期間		(自令和　　年　　月　　日 至令和　　年　　月　　日)　又は　　期間の定めなし		
就業場所		雇入れ直後　　　　　　　　変更の範囲　　会社の定める就業場所		
従事すべき業務の内容		雇入れ直後　　　　　　　　変更の範囲　　会社の定める就業業務		
勤務時間	始業・就業の時刻	時　　分より　　時　　分まで(業務の都合により変更することがある)		
	休憩時間及び所定労働時間	時　　分　より　　　　時　　　　分まで 1日　　時間　　分 1週　　日勤務で　　時間　　分 勤務		
休日		毎週日曜日・祝祭日　(その他会社カレンダーによる)1カ月の平均勤務日数　　日間		
賃金	給与区分	時給　又は　　月給		
	基本給	(時給　　円で 月額　　円)　又は　(月額　　円) 家族手当、通勤手当、残業手当などを除いて原則88,000円未満、以上のときは社会保険加入		
	諸手当	手当　　　　円　　　　手当　　　　円 通勤手当　1. 全額支給　2. 定額支給　　　円 年収約　　　　円(年収106万円以上になると社会保険に加入)		
	割増賃金率	労働基準法に従い支払う。　実働8時間を超えたら法定時間外25%など		
	社会保険加入状況	社会保険 (週の労働時間20時間、月額賃金88,000円以上のとき加入) 雇用保険 (週20時間以上勤務で1カ月以上勤務するとき加入する) 労災保険全員加入		
	有給休暇	労働基準法に従い与える。		
	その他条件	賞与 (有・無)　　昇給 (有・無)　　退職金 (有・無)		
	締切日／支払日	毎月　　日 締切／当月　　日 支払		
その他	更新条件	有 (会社の経営状態、本人の能力等を総合的勘案して、特に問題なければ更新するものとする) 無 (更新はしない) 更新上限の有無(なし・あり(更新　　回まで／通算期間　年まで))		
	無期転換権	労働契約法第18条の規定により、有期雇用契約の契約期間が通算5年を超える場合には、従業員から申込みすることにより、当該雇用期間の末日の翌日から期間の定めのない雇用契約(無期雇用契約)に転換されます。申込みは有期雇用契約の満了日の30日前までに行うこととする。		
		労働契約期間中に自己都合退職で退職するときはおそくとも30日までに、会社に報告し承諾を得なければならない。会社の従業員としての適格性にかけるときや、就業規則の解雇理由に該当するときは、契約期間中でも解雇することがある。雇用に関する相談窓口は総務担当者が担当するものとする。		

年　　　月　　　日

労働者 氏名　　　　　　　　　　　　　　　　　㊞

住所

事業主 名称

氏名　　　　　　　　　　　　　　　　　㊞

163

●労働契約書〈Ⅲ型パート雇用〉

契約期間	(自令和　　年　　月　　日　至令和　　年　　月　　日)　又は　　期間の定めなし		
就業場所	雇い入れ直後　　　　　　　変更の範囲　　会社の定める就業場所		
従事すべき 業務の内容	雇い入れ直後　　　　　　　変更の範囲　　会社の定める就業業務		
勤務時間	始業・就業の時刻	時　　分より　　時　　分まで(業務の都合により変更することがある)	
	休憩時間及び 所定労働時間	時　　分　より　　　時　　　　分まで 1日　　時間　　分 1週　　日勤務で　　時間　　分 勤務	
休日	毎週日曜日・祝祭日　(その他会社カレンダーによる)1カ月の平均勤務日数　　　日間		
賃金	給与区分	時給　又は　　月給	
	基本給	(時給　　円で　月額　　　円)　又は　(月額　　　円)	
		手当　　　　円　　　　　　　手当　　　　円	
		通勤手当　1.　全額支給　2.　定額支給　　　　円	
		年収約　　　　　　円(手当込みで130万円以上になると扶養から離脱します。)	
	割増賃金率	労働基準法に従い支払う。　実働8時間を超えたら法定時間外25%など	
	社会保険加入状況	雇用保険　(週20時間以上勤務で1カ月以上勤務するとき加入する)	
		労災保険全員加入	
	有給休暇	労働基準法に従い与える。	
	その他条件	賞与 (有・無)　　　昇給 (有・無)　　　退職金 (有・無)	
	締切日／支払日	毎月　　日 締切 ／ 当月　　日 支払	
その他	更新条件	有　(会社の経営状態、本人の能力等を総合的勘案して、特に問題なければ更新するものとする) 無　(更新はしない)	
		更新上限の有無(なし・あり(更新　　回まで／通算期間　　年まで))	
	無期転換権	労働契約法第18条の規定により、有期雇用契約の契約期間が通算5年を超える場合には、従業 員から申込むことにより、当該雇用契約期間の末日の翌日から期間の定めのない雇用契 約(無期雇用契約)に転換されます。申込みは有期雇用契約の満了日の30日前までに行うこ ととする。	
	労働契約期間中に自己都合退職で退職するときはおそくとも30日までに、会社に報告し承 諾を得なければならない。会社の従業員としての適格性にかけるときや、就業規則の解雇 理由に該当するときは、契約期間中でも解雇することがある。雇用に関する相談窓口は総 務担当者が担当するものとする。		

　　年　　　月　　　日

　　　　　　　　　　　労働者 氏名 ……………………………………… ㊞

　　　　　　　　　　　　　　 住所 ………………………………………

　　　　　　　　　　　事業主 名称

　　　　　　　　　　　　　　 氏名 ……………………………………… ㊞

第5章　年収の壁該当者をいかに正社員転換に向けて育成していくか

●パート退職金規程

「パート退職金規程」

（適用範囲と考え方）
第1条　この規程の適用には、非正規従業員であるパートタイマーに適用するものとする。
　　　なお、当社の退職金を支給するときは、在職時の功労説として支給するものとする。

（退職金の算定方式）
第2条　退職金は加給月額比例方式で、パートでの新規雇用からの在職月数に
　　　応じて新規雇用時に定められた、月額単価の勤務月数分支給ものとする。
　　　月額単価は1,000円から5,000円の範囲内で新規雇用時の賃金額で個人ごとに定める
　　　ものとする。

（退職金額）
第3条　当該規程の適用を受ける新規雇用のパートさんが1ヵ月以上勤務した場合で
　　　あって次の各号のいずれかに該当する事由により退職したときは、新規雇用からの
　　　勤務月数に月額単価をかけたものを支給するものとする。
　　　（1）　更新の契約期間満了により退職したとき
　　　（2）　60歳以上契約期間満了で退職するとき
　　　（3）　業務外の私傷病により担当職務に耐え得ないと認めたとき
　　　（4）　業務上の私傷病によるとき
　　　（5）　会社都合によるとき
　2　新規雇用パートさんが、次の各号のいずれかに該当する事由により退職したときは、
　　　前項の8割を支給するものとする。
　　　（1）　契約期間中に退職するとき
　　　（2）　休職期間が満了して復職できないとき

（退職金の減額）
第4条　懲戒処分があった場合には退職金の未支給若しくは減額をすることがある。

（勤続年数の計算）
第5条　第2条の勤続月数の計算は、雇い入れた月から退職の月までとし、
　　　1月に満たない端数月は切り上げる。
　2　休職期間及び業務上の負傷又は疾病以外の理由による欠勤が1か月を超えた期間は
　　　勤続月数に算入しない。

（退職金の支払方法）
第6条　退職金は、会社が新規雇用のパートさん（当事者が死亡した場合はその遺族）に
　　　支給する。
　2　退職金の支給は原則社長が直接支給するものとする。

（退職金の加算）
第7条　在職中の勤務成績が特に優秀で、会社の業績に功労顕著であったと会社が認めた
　　　新規雇用の年収の壁などで賃金があげられなくてもよく頑張ってくれたパートさんなどに対し、
　　　退職金を特別に加算して支給することがある。

　　　　　　　　　　　　　　　　　この規則は令和　　年　　月　　日から施行するものとする。

おわりに

　最後までお読みいただき、大変有難うございました。
「年収の壁を解決する賃金のしくみ」いくらかイメージを
持っていただけましたでしょうか？

　実は私は、この本で28冊目になります。12年ほど前初めて
労働関係の本である「サッと作れる零細企業の就業規則」
（経営書院）を出版させていただきました。その後も人事制
度や賃金制度などの中小零細企業向けの本を出版してきまし
た。今回は本年10月からの従業員51人以上の特定適用事業所
における社会保険の適用拡大における、年収の壁の該当者の
対応策について大変シンプルな逆算式賃金制度や対応策など
を提案させていただきました。

　三村さんの提案する制度はシンプル過ぎておかしいとかな
ど多々ご意見があるのではないかと思っております。

　私の持論ですが、賃金制度などに正解はないと思っており
ます。

　社長さんがどのように思い実行するかではないでしょうか。

　私が本を書く決心をしたのは、12年ほど前の開業10年目
で、なにか自分に区切りをつけなければならないと決意した
のがキッカケでありました。また、名古屋の私が入塾してい
る、北見塾の北見昌朗先生やその他多くの塾生のかたが、本
を出版されていることに、刺激をうけたのかもしれません。

おわりに

　また、開業時から、尊敬しているランチェスター経営で有名な竹田陽一先生のお話で、自分は大変字がへたくそで文章など一番苦手であったが、人の3倍かけてかいた。そして今ではベストセラーの本もでている。仮に文章が苦手な方は人の三倍かけて書けばいいとのお話をお聞きし感動しました。このようなことも通して、これまでの出版にいたりました。多くの先生方のご支援があったからこそだと深く感謝申し上げます。

　また、出版に関しまして経営書院の皆さんには大変お世話になり有難うございました。深く感謝申しあげます。

　今回のテーマである、年収の壁対策をメインに考えた賃金制度は今まで全くこのような制度を考えてこなかった社長さんでも、すぐに取り入れることができる制度です。

　昨今の時代の流れでは、人手不足が想像以上に深刻化しています。その意味で本書が今いるパートさんなどの雇用対策のさらなるヒントの一つになれば幸いであります。

　本当に最後までお読みいただき大変有難うございました。

　　　　　　　　　　　　　　　　　　　　三村　正夫

●参考文献

『ビジネスガイド』 2024年1月号 日本法令

『社労士Ｖ』 2024年1月号 日本法令

●参考データ

厚生労働省 賃金構造基本統計調査

厚生労働省 毎月勤労統計調査

著者紹介

三村　正夫（みむら・まさお）

㈱三村式経営労務研究所　代表取締役
三村社会保険労務士事務所　所長
福井県福井市生まれ。
芝浦工業大学卒業後、昭和55年日本生命保険相互会社に入社し、販売関係の仕事に22年間従事した。その後、平成13年に石川県で独立し、開業22周年を迎える。就業規則の作成指導は開業時より積極的に実施しており、県内の有名大学・大企業から10人未満の会社まで幅広く手がける。信念は「人生は自分の思い描いたとおりになる」その他特定社会保険労務士・行政書士など22種の資格を取得

　著書に「小さな会社のシンプルな一体型賃金制度」「改訂３版サッと作れる小規模企業の就業規則」「改訂版サッと作れる小規模企業の賃金制度」「サッと作れる小規模企業の人事制度」（経営書院）「ブラック役場化する職場〜知られざる非正規公務員の実態」（労働調査会）「やがて高年齢者のフリーランス（１人社長）の時代がやってくる！多様な定年制度と高年齢者再雇用の賃金退職金の見直し方」（セルバ出版）「人手不足を解消しよう！60代採用のススメと人事・賃金制度ガイド」（アニモ出版）」など

年収の壁を解決する賃金のしくみ

2024年11月8日　第1版　第1刷発行　　定価はカバーに表示してあります。

著　者　三　村　正　夫
発行者　平　　　盛　之

発行所　㈱産労総合研究所
　　　　出版部　経　営　書　院

〒100-0014
東京都千代田区永田町1―11―1　三宅坂ビル
電話03（5860）9799
https://www.e-sanro.net

本書の一部または全部を著作権法で定める範囲を超えて、無断で複製、転載、デジタル化、配信、インターネット上への掲出等をすることは禁じられています。本書を第三者に依頼してコピー、スキャン、デジタル化することは、私的利用であっても一切認められておりません。
落丁・乱丁本はお取替えいたします。

印刷・製本　中和印刷株式会社
ISBN 978-4-86326-382-6　C2034